Die in diesem Buch berichtete Erfahrung beruht auf jene der Autorin. Ihr dargestellter Versuch mit diversen Präparaten, ein Selbstversuch. Das Resultat sowie die Krankheitsgeschichte sind auf die Autorin bezogen.

Kerstin Schaefer

Fehl-ende-Diagnose

Wie mich Multiple Sklerose bis in den E-Rollstuhl brachte und mein Weg hinaus

Impressum

Auflage Januar 2017

www.tiefgeist-verlag.de

ISBN: 9783946920038
Preis: 7,90 Euro

Druck: BoD, Books on Demand, Norderstedt

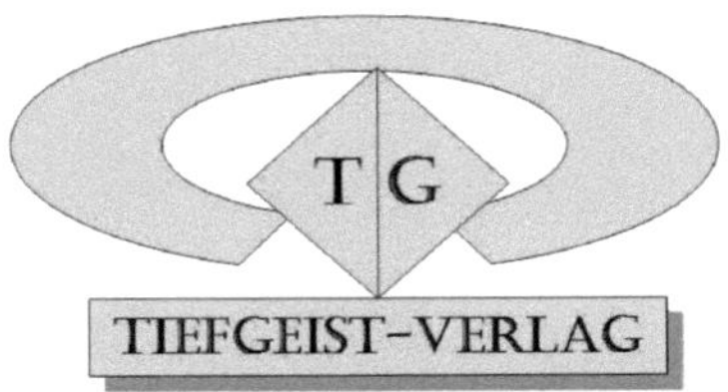

Inhaltsverzeichnis

Hoffnung ist nicht nur die Überzeugung, dass etwas gut ausgeht, sondern eine wertvolle Gewissheit, dass etwas einen Sinn hat, ganz gleich wie es dann ausgehen wird.

(Vaclaf Havel)

Vorwort

Diesem Vorwort wäre theoretisch die Überschrift "Eigentlich" beizusetzen. Das Wort „Eigentlich“ deshalb, weil weder von mir, noch von meinem Mann ein weiteres Buch im Bezug auf die Multiple Sklerose Erkrankung geplant war. Hinsichtlich dieser, sowie der Aufklärung, Motivation und den diversen Hilfen, haben mein Mann und ich, über ein ganzes Jahr viel Arbeit investiert, die uns wahrlich auch eine große Freude bereitete. Allerdings erschien es uns doch irgendwann als völlig ausreichend und der Zeitpunkt, an dem alles Wichtige gesagt, niedergeschrieben und erklärt wurde, war aus unserer Sicht schlichtweg eingetroffen. Somit stand für beide fest, dass es *eigentlich* von uns kein Buch mehr über oder im Bezug auf die Multiple Sklerose Erkrankung geben wird. Wir leben ohnehin jeden Tag mit ihr, haben ganz gut unseren Weg gefunden, ihn zudem einer großen Masse zugänglich gemacht und konzentrierten uns daher auf weitere Bücher in einem ganz anderen Genre. So war der Plan...Für einen Autor stellt es natürlich einen besonderen Anreiz dar, die eigene

Kreativität und die Fähigkeiten, in ganz anderen Bereichen, ebenfalls unter Beweis stellen zu können. In diesem Sinne dürfte es bis dahin bereits alles sehr selbsterklärend klingen, wenn jedoch nicht diese eher zufällige Kehrtwendung plötzlich eingetroffen wäre. Eine Fehlende-Diagnose, zu einem weiteren Defizit, das meinem Körper zuteil wurde und eher nur zufällig diagnostiziert, brachte bei mir während der Behandlung mit diversen Präparaten, einen äußerst interessanten Aspekt, nämlich jener, dass sich die Präparate scheinbar auch noch völlig positiv auf meine MS-Erkrankung auswirkten. Oder aber, das diverse Beschwerden einfach der MS zugeordnet werden und ihren Ursprung ganz woanders besitzen. Dies soll nicht bedeuten, das alle MS Diagnostizierten nun keine MS haben. Ich habe selbstverständlich MS.

„AUCH!...“

Als eine wichtige Anmerkung betrachte ich es, das die in diesem Buch wiedergegebene Erzählung, auf meine alleinige Erkrankungsgeschichte, samt meiner Selbsterfahrung beruht, welche ich letztendlich im weiteren Verlauf machte und deren angeschlossene Selbsttes-

tung, mit ihrer entsprechenden Dosierung, in meiner eigenen Verantwortung lag. Die genutzten Präparate nahm ich ebenso im Rahmen meiner alleinigen Entscheidung und nicht auf jener, nämlich der Empfehlung eines Arztes, ganz eigenverantwortlich ein. Ich kann und werde nicht dafür garantieren, dass sich nun bei jedem an MS erkrankten Menschen, genau der gleiche Effekt einstellen wird, auch wenn ich es jedem einzelnen Betroffenen wünschen würde. Ebenfalls möchte ich nicht dazu aufrufen, nun unüberlegt mir Selbiges nachzuahmen, sondern im Vorfeld erst einmal genau abchecken zu lassen, ob neben der MS-Erkrankung eventuell das gleiche Defizit besteht, wie es bei mir zusätzlich vorhanden war und ergo, ob alle Beschwerden wirklich immer der MS Erkrankung zuzuordnen sind.
Um es noch einmal zu verdeutlichen, es handelte sich bei mir um einen Selbstversuch mit nicht MS typischen Medikationen, der durch die Einnahme diverser Präparate bezüglich einer anderen Geschichte, letztendlich zustande kam und mir dabei im Bezug auf meine MS-Erkrankung plötzlich eine enorme Besserungen einbrachte.

Die eingenommenen Präparate beruhten anfänglich primär auf die Behandlung diesem anderen Problem, das allerdings dem Beschwerdebild der Multiplen Sklerose Erkrankung sehr ähnlich erscheinen kann. Ich werde in diesem Buch nun im Groben meine Art der MS, als auch meinen späteren körperlichen Verfall verdeutlichen, bis hin zu der Kehrtwendung und meinen Aufstieg aus dem Rolli. Ich könnte natürlich auch die ganze Sache abkürzen und durchaus direkt auf den Punkt kommen. Darüber schreiben, was mich wirklich in den Rollstuhl brachte und lange als Beschwerden der MS interpretiert wurde. Ebenso, wie oder durch was ich aus diesem auch wieder herauskam, doch ein paar vorweg Erklärungen lassen sich nicht ersparen, um zum einen das Ausmaß der dar gewesenen Situation zu verdeutlichen und zum anderen dabei so manch wertvolle Info weiterzuvermitteln.

Es dient ganz einfach dem besseren Verständnis. Sodann erfolgt im weiteren Verlauf auch die Niederschrift meiner Selbsttestung, mit diversen Präparaten, sowie ihrer/meiner Dosierung. Vielleicht hilf es dem ein oder anderen weiter. Vielleicht gibt es Menschen mit ähnlichen Erfahrungen oder Erlebnissen, denen so manche Beschwerden der MS zugeordnet wurden und dennoch ihr eigentlicher Ursprung vielleicht zusätzlich ein noch ganz anderer ist.

MS ist eine Ausschlussdiagnose und in der Regel sollte im Vorfeld alles mögliche andere zuvor ausgeschlossen werden, bevor ein Betroffener die endgültige Diagnose erhält. In manchen Bereichen tun sich die Mediziner jedoch ab und zu etwas schwer. Unter Umständen entstehen somit falsche oder ganz einfach die fehlenden Diagnosen. Fairerweise muss man dazu sagen, dass es manchmal auch für die jeweiligen Ärzte nicht so ganz ist, die MS-Erkrankung richtig ein/zuzuordnen und eine entsprechende Vorsorge und Versorgung zu treffen. Vor allem dann, wenn es den Anschein einer MS macht, jedoch so manches dann wieder nicht in einen typisch schubförmigen MS Verlauf passt. Schubförmig ist nun mal die häufigste Form und das womit die Ärzte am häufigsten auch zu tun haben. Alles andere wird gerne einmal zu einer „eigentlich-MS".
Dieses „*eigentlich* ist das jetzt schon MS- aber *eigentlich* passt dies oder jenes wieder nicht

dazu". Ein Satz, den ich vor der Diagnose der progredienten Verlaufsform, oftmals hörte und mir den weiteren Verlauf erst einmal nicht in seiner Form der Behandlungsversuche erleichterte. In der Regel verläuft die MS nun einmal schubförmig, so zumindest das Bild vieler Ärzte und dementsprechend sind sie damit auch konfrontiert. Meine MS präsentiert sich beispielsweise lieber durch ein körperliches Herabfallen. Meine Herde lassen sich zudem nicht wirklich von Kernspintomographen beeindrucken und stellen sich daher gern einmal auch schlafend.

Meine MS ist eben meine MS und nicht die von irgendwem anderen. Somit auch nicht vergleichbar mit anderen. Meine MS dreht da ihr eigenes Ding. Das macht sie schon eine ganze Weile so. Sie bringt hin und wieder einen kleinen neuen Ableger mit ins Spiel aber im Vergleich zu manch anderen, ist mein Herdaufkommen im Kopf und Rückenmark, relativ gering und meine Verschlechterungen nicht an aktiven Entzündungsherden auszumachen. Die progrediente Verlaufsform betreibt da so ihr ganz eigenes Spiel. Das war schon seit Anbeginn so und ließ daher die Ärzte anfäng-

lich noch nicht so ganz dahinter steigen, was meine Verlaufsform angeht.
Als ich damals meine MS-Diagnose bekam, ging man erst einmal von einer ganz regulären schubförmigen MS aus, auch wenn sich bis dahin nur sehr wenige Entzündungsherde in meinem Kopf und Rückenmark befanden und diese zudem, keine Aktivität zeigten. Schubförmige Verläufe haben die meisten. Warum sollte ich da eine Ausnahme sein? Das klinische Bild, als auch der Nervenwasserbefund sprachen für die MS. Neurologische Testungen waren teils gut, teils nicht gut. Kopf und Rückenmark hingegen, völlig gechillt und relativ teilnahmslos aktiv.
Mein Körper, meine Motorik & Co, waren aktiver im Geschehen involviert, bzw. die umgekehrte Variante, denn es zeigte sich immer weniger körperliche Aktivitätsmöglichkeiten und ich verlor an manchen Fähigkeiten. Zuerst an gehbarer Wegstrecke, dann an Kraft, später verstärkt an der Motorik und was eben durch die MS noch dazu kommen kann. Mit dem weiteren Verlauf kamen ein paar neue (wenige) Herde dazu, doch immer wenn mein Körper sich verschlechtert hatte und ein MRT mit

Verdacht auf einen Schub gemacht wurde, war keine Herdaktivität zu sehen. Therapieformen wurden angesetzt, bis hin zur Eskalationstherapie, jedoch ohne Erfolg. Um es kurz und knapp auszudrücken, es folgte irgendwann und dies wesentlich später, aufgrund der klinischen Verschlechterung und weiteren Kriterien, die Diagnose der progredienten Verlaufsform.
Es scheint generell ein Problem zu sein, die progredienten Verlaufsformen den jeweils Betroffenen zuzuordnen, denn viele Ärzte kämpfen schon mit dem Wissen über die reguläre schubförmige MS und um so schwerer tun sich manche bei einer progredienten Verlaufsform. Sie ist in Kliniken häufiger bei den Patienten zu finden, als in den regulären Arztpraxen. Dort ist sie einfach nicht gang und gäbe, somit darf man es den Ärzten eigentlich nicht einmal verübeln, wenn die Kenntnisse über die progrediente Verlaufsform gelegentlich geringer sind. Dennoch kann das für die Betroffenen unschöne Folgen mit sich ziehen, die von einem nicht verstanden fühlen, bis hin zum Selbstzweifel oder falschen Diagnosen, wie Depressionen und Weiteres führen.

Die (schubförmige) MS ist noch nicht einmal vollständig in ihrem Dasein erklärbar, wie soll es dann letztendlich eine progrediente Verlaufsform sein? Und mit dieser Problematik leben viele der Betroffenen. Eine gezielte und sichere Behandlung, welche die Beschwerden komplett verschwinden ließe, ist einfach nicht möglich. Die Beschwerden lassen sich vielleicht für eine gewisse Zeit mildern, lindern oder kurzfristig einstellen, doch solange der Ursprung all des Übels nicht entdeckt wurde, leben MS Betroffene immer mit dieser gewissen Flamme im Kamin, die mit einem Mal zu einem Feuer ausbrechen kann.
Ebenso leben die Betroffenen damit, dass bestimmte Beschwerden bei festgestellter MS-Diagnose, der MS automatisch zugeordnet werden. Wie würden die Beschwerden wohl zugeordnet, wenn keine MS-Erkrankung vorhanden wäre? Wie sähen da mit der Zeit die diagnostischen Verfahren aus? Das Krankheitsbild der MS ist vielseitig. Manch andere Erkrankungen mit ihrem Beschwerdebild jedoch ebenfalls ähnlichder, der MS.

Mit rasender Geschwindigkeit ins Nichts

Was die MS so alles anrichten kann, darüber dürften die meisten Betroffenen aufgeklärt sein, oder zumindest die Grundinformationen dazu besitzen. Sehstörungen und Taubheitsgefühle, gehören mit zu den häufigsten Beschwerden. Ebenfalls kann eine Blasenschwäche, bis hin zur Inkontinenz eintreten. Das Laufen kann abnehmen oder sich ganz verlieren. Tremor und unkontrollierte Bewegungsabläufe. Die Sprache gestört sein, als auch kognitive Einschränkungen auftreten. MS bietet eine Menge Raum für einen vielseitigen Beschwerdekatalog. Sie kann völlig harmlos und langsam verlaufen, sie kann es aber auch sehr schnell und zerstörend. Sie heißt nicht umsonst die Krankheit mit den tausend Gesichtern. Sie hat wahrhaft sehr viele Gesichter und sie hat auch Ähnlichkeiten, mit anderen Erkrankungen, die oftmals gar nicht entdeckt werden, wenn man danach nicht sucht. Die Tatsache, dass ihr eigentlicher Ursprung nicht bekannt ist, bietet somit ein breites Feld an Beschwerden, die ihr mit der Zeit einfach zugeordnet werden, an Größe. Ich landete irgendwann mit steter und rasender Verschlechterung in einem E-Rollstuhl und ich verfügte zudem über eine für mich immens unbefriedigende Lebensqualität. So vieles schien mir verloren und neben dem rasenden *Verfall*, aussichtslos, was eine Verbesserung oder zumindest ein Stopp anging. Ebenfalls war mir bewusst, die Multiple Sklerose ist dafür bekannt, komplex und sehr vielseitig zu sein. Ebenso ist sie trotz ihres doch stets wachsenden Bekanntheits- und Aufklärungsgrad weiterhin in ihrem eigentlichen Ursprung unerforscht. Bis heute kann nicht konkret geklärt werden, was diese Erkrankung auslöst bzw. ihre Entstehung begünstigt. Fakt ist allerdings, sie ist bei einer Vielzahl von Menschen vorhanden und dies mit solch einer Vielseitigkeit, das es kaum bis hin gar nicht möglich ist, die jeweiligen Krankheitsverläufe in ein bestimmtes Muster zu packen, welches einen nach Leitfaden erkennbaren Krankheitsverlauf, völlig maßgeschneidert auf alle Betroffenen, festigen würde und damit dementsprechend therapierbar wäre. Es mag vielleicht ein bestimmtes Grundmuster existieren, doch eine hundertprozentige Aussicht auf den eigentlichen Verlauf, kann

niemand geben. Die MS kann heute geschmeidig, angenehm und relativ unproblematisch verlaufen und ein paar Tage später, ein komplettes Leben völlig aus der Bahn bringen. Sie kann einen Betroffenen tagtäglich zur Last fallen, sie kann aber auch ein sehr relativ symptom- und beschwerdefreies Leben ermöglichen. Es gibt Menschen, die leben mit sehr vielen Entzündungsherden im Hirn oder in dem Rückenmark und haben dazu relativ wenige Beschwerden. Genauso gibt es Menschen, die wenige Entzündungsherde aufweisen und im Alltagsleben dennoch stark eingeschränkt sind, aufgrund manch körperlicher Behinderungen.
Und dann gibt es da noch etwas...

Beschwerden und Symptome, die der MS zugeschrieben werden, ihren Ursprung jedoch ganz woanders finden. Ein eingeklemmter Nerv, ein Bandscheibenschaden und so vieles mehr, ebenso können diverse Mangelerscheinungen Symptome mit sich bringen, die bei der Multiplen Sklerose Erkrankung auch auftreten. Natürlich gibt es die gewissen Kriterien, nach denen eine MS-Diagnose erfolgt, aber trotzdem tauchen immer wieder auch Menschen auf, die gar nicht alle Kriterien erfüllen und dennoch mit absoluter Sicherheit eine MS diagnostiziert bekommen. Sei es nun, weil sie ein sehr großes und MS typisches Herdaufkommen, jedoch keinerlei Beschwerden haben, oder eben weil ihre Beschwerden in das MS Klinikbild passen würde. Es gibt Menschen, mit einem größeren Aufkommen an Entzündungsherden im Gehirn oder dem Rückenmark, jedoch mit einem negativen Liquor Befund (Nervenwasserentnahme zum Nachweis oligoklonaler Banden) und dennoch passiert es aufgrund anderer Kriterien, das die MS-Diagnose dennoch zu einhundert Prozent feststeht. Der Heißhunger mancher, sicherlich nicht Aller, Ärzte, (denn es gibt durchaus auch Gute,) die Gier und der Verkauf durch die Pharmaindustrie und das fehlende Einbinden von relativ einfacher Diagnostik, kann einen Patienten, so war es bei mir der Fall, regelrecht in den körperlichen als auch in den später eintretenden psychischen Verfall bringen. Man hat MS doch die Beschwerden und Ausfälle sind plötzlich nicht MS typisch und so dreht sich das Rad. Die für viele als Endstation empfundene Zeit des Rollstuhls, schlimmstenfalls eines E-Rollstuhls, ist plötzlich eingetroffen und neben der Verzweiflung, auch noch ein wahrer Kampf, gespickt mit Demotivation, stets an der Seite stehend. Die Verzweiflung seiner Selbst, die Fragen, ob man vielleicht zu empfindsam, zu panisch oder einfach nur hypochondrisch ist, können sich irgendwann einstellen. Vor allem dann, wenn man einem bestimmten Kriterium einer vermuteten Erkrankung nicht entspricht, aber auch keine weitere Ursache gefunden scheint. Natürlich kann es einen Menschen mit einer recht aktiven MS sehr bösartig erwischen und eine Einschränkung, bis hin zur Schwerstbehinderung, nach und nach eintreten. Ebenfalls trifft dieses auch bei vielen anderen Erkrankungen zu, die mit ihren Beschwerden vielleicht sogar einer bestimmten Erkrankung sehr ähneln oder aus Gründen von Unerforschtheit auf jene geschoben wird. Für einen Erkrankten beginnt ab diesem Zeitpunkt nicht selten eine Art Hürdenlauf und mitunter ein unbefriedigender Alltag. Er merkt, dass mit ihm etwas nicht stimmt und läuft vor Wände, weil er bestimmte Kriterien oder Richtlinien nicht erfüllt. Ganz einfach, weil sehr häufig

nur in eine einzige Richtung geschaut und behandelt wird. Es ist daher kein Märchen, Flöhe und Läuse zu haben. Genauso wie Menschen MS und zusätzlich Krebs oder sogar, wenn auch sehr, sehr selten MS und dazu ALS haben können. Manchmal kommen diese Zusätze gar nicht heraus, weil sich nur auf die eine Erkrankung konzentriert wird. Mit ganz viel Glück kommen noch andere Dinge zum Vorschein, die etwas verursachen, was zuvor etwas anderem zugeordnet wurde. Zuerst einmal wird allerdings häufig herumgedoktert oder der Patient als noch nicht mit seiner Erkrankung arrangiert angesehen. Schlimmstenfalls ist der Erkrankte irgendwann für Mediziner therapieresistent und muss sich mit seiner dann bestehenden Ist-situation abfinden.
Das Vertrauen und die Hoffnung in die Medizin ist oftmals hoch und nach jeglichen Strohhalmen wird gegriffen, doch kann der Schuss nach hinten losgehen. Spätestens dann, wenn doch irgendwann eine andere Ursache gefunden wurde und zuvor erfolglos Therapien eingesetzt. Viele Therapien haben schwere Nebenwirkungen und es beginnt oftmals ein wahres Pokerspiel mit dem eigenen Körper,

nur um eine Linderung für etwas zu schaffen, das vielleicht gar nicht der gedachte Verursacher ist und vielleicht auf eine ganz andere Art behoben werden könnte. Genau diese Handhabe bzw. in meinem Fall keinerlei große Handhabe, brachte mich mit rasender Geschwindigkeit ins Nichts.
Zunehmend verlor ich an Gehfähigkeit, Motorik und selbstständiger Alltagstauglichkeit. Müde, nicht mehr imstande Nahrung ohne Verschlucken und Problematik zu mir zu nehmen. Extrem schnelle Erschöpfung und Müdigkeit, sowie völlige Kraftlosigkeit, bis hin zu unerklärbaren Atemaussetzer, schienen meinen weiteren Lebensweg zu besiegeln. Die Aussage, das ist nun einmal die MS, brachten mich an Verzweiflung, Wut und völlige Hilflosigkeit. Sollte es tatsächlich allein nur die MS sein, die mich nun dahinsiechen lässt?

Meine (Grunderkrankung) MS

Die Multiple Sklerose lässt sich zwar nicht auf jeden gleich verlaufend bezeichnen, eben weil sie bei jedem anders verläuft, doch sie wird von Medizinern aufgrund bestimmter Kriterien in unterschiedliche Verlaufsformen unterteilt. Diese Unterteilung der Verlaufsform entwickelt sich anhand der jeweiligen Schwere, klinische Voraussetzungen, sowie der zeitlichen Beobachtung und ihren weiteren Werdegang. Die meisten Betroffenen kennen es wahrscheinlich schon, doch werde ich es noch einmal erläutern, für die Menschen, die es vielleicht noch nicht hundertprozentig differenzieren können. Unterteilt wird die MS in schubförmige Verläufe (die am häufigsten vertreten sind) sowie in die jeweiligen progredienten Verläufe, nämlich den sekundär progredienten und den primär progredienten Verlauf. Schubförmig bedeutet, dass es ein Kommen und Gehen der Beschwerden ist, die oftmals durch zeitnahe Therapien als rückläufig verzeichnet werden können. Die Entzündungsherde im Hirn oder Rückenmark richten an den jeweiligen Nerven Schäden an, die sich so weit auswirken, dass unterschiedliche Beschwerden, wie Gangstörungen, Sehstörungen, Missempfindungen und Weiteres mehr, eintreten. Durch entsprechende Behandlung lässt sich vieles jedoch gut eindämmen und nach Abklingen des Schubes, bleiben nicht zwingend gravierende Schäden zurück. Manchmal können jedoch diverse Beschwerden eines Schubes bestehen bleiben oder Behinderungen eintreten, die sich nicht zurück entwickeln. Die Länge eines solchen Schubes lässt sich zeitlich ebenfalls nicht eingrenzen. Er kann wenige Tage anhalten, aber auch viele Wochen plagen. Bei dem schubförmigen Verlauf lassen sich die Schübe entsprechend durch medikamentöse Therapieformen eindämmen und abschwächen. Ebenso hemmt das eingesetzte Kortison die Entzündung bei einem Schub. Bei den progredienten Verläufen hingegen tritt eine Verschlechterung ein, ohne großartig Schübe oder Aktivitäten durch Entzündungsherde zu besitzen. Dies erschwert es weitaus mehr, den sekundären oder auch den primär progredienten Verlauf gezielter zu behandeln. Ein Los, mit welchem viele Betroffene zudem leben müssen, ist der Stempel ihrer eigentlichen Erkrankung. In meinem Fall wurde vieles häufig und gerne, von Ärzten auf die sogenannten Auswirkungen der MS geschoben. Man mag es ihnen manchmal gar nicht so verübeln, denn auch Ärzte stehen bei solch einer komplexen und vor allem in ihrem klinischen Bild sehr variabel erscheinenden Erkrankung, wie die MS es nun einmal ist, wahren Rätseln und sogar teilweise einer gewissen Hilflosigkeit gegenüber. Ein wirkliches Leitbild, was nun alles wahrhaft der MS zuzuordnen ist und was eventuell einen anderen Ursprung beinhaltet, gibt es in dem Sinne nicht. Sei es nun beispielsweise ein regelmäßiger Kopfschmerz, Schmerzen in den Gelenken, Kreislaufbeschwerden, Atemstörungen als auch Kribbel- oder Taubheitsgefühle. Es gibt so viele weitere Beschwerden, die bei Bestehen der Grunderkrankung MS, einfachheitshalber mit scheinbaren Gleichgewichtsstörungen, Nervenschädigungen durch die MS, Lähmungen des Zwergfellmuskels, oder auch Missempfindungen und Wahrnehmungsstörungen, abgegolten werden. Ein großes Manko ist es allerdings, das Ärzte zu schnell alles auf die MS schieben, wenn diese Diagnose besteht und dadurch keine weiteren Untersuchungen stattfinden, die eventuell Aufschluss geben könnten, über eine ganz andere Problematik oder Erkrankung. Mitunter bring das ein oder andere Problem ähnliche Beschwerden wie bei der MS mit sich und lässt sich eigentlich auch dennoch erfolgreich behandeln, sowie die eingetretenen Beschwerden abklingen. Die Grunderkrankung MS ist und bleibt meine Grunderkrankung und natürlich habe ich diverse Beschwerden durch sie, denn wäre dem nicht so, wäre es nie zu einer Untersuchung in diesem Bereich gekommen und die eigentliche Diagnose, nach den bestimmten Kriterien der MS Diagnostik somit gestellt worden. Am Anfang bringt die Diagnose MS für viele einen kleinen Schock mit sich, da man sich in erster Linie an Bilder oder Berichte orientiert, die man aus den Medien kennt. Man erinnert sich plötzlich an einen Rollstuhlfahrer aus einem Bericht oder vielleicht sogar an den Mann mit diesem starken Tremor und projiziert dies als ein zukünftiges Eintreffen bei sich selbst, nach der Diagnosestellung. Glücklicherweise ist dies eben nicht immer der Fall und die Medien berichten schlichtweg aus dem Grund über die oftmals doch etwas schweren MS Fälle, um somit den Menschen ein besseres Bildnis über das eigentliche Ausmaß dieser Erkrankung darzubieten. Was nutzt es einem Zuschauer oder Leser, wenn ihm etwas von einer Fatigue, die im Übrigen nicht nur bei der Multiplen Sklerose auftritt, aber gerne als großes und sehr typisches Übel bei dieser Erkrankung dargestellt wird, berichtet wird und er im gleichen Zuge einen MS Erkrankten sieht, der Spaziergänge, grob- und feinmotorische Aktivitäten ohne größere Probleme bewältigen kann. Dass dieser all die Tätigkeiten unter nicht sehbaren Kraftaufwand oder später starker Erschöpfung ausführt, bleibt dem Leser und Zuschauer somit verborgen. Fühlfernsehn gibt es nicht und das Darstellen der schwer Betroffenen scheint die Menschen aufmerksamer auf die eigentliche Erkrankung zu machen. Dass man mit der Grunderkrankung MS dennoch ein freudvolles und ausgiebiges Leben führen kann, ist kein Märchen, sondern sogar häufiger der Fall, als es manchmal dargestellt wird. Auch mit einem Rollstuhl ist ein Leben mit MS, nicht das Ende, sondern es ist ein anderes. Es ist ein Leben, in dem man sich mit der Situation arrangieren kann und entsprechende Hilfen, sofern nötig, einholt. Mein Mann und ich leben damit tagtäglich. Nicht nur Menschen mit MS sitzen manchmal im Rollstuhl, sondern auch Menschen mit anderen Erkrankungen. Manche sogar von Geburt an und auch diese finden Möglichkeiten, sich mit dem Alltagsleben zu arrangieren. Warum also sollte es mit der MS und einem eventuell benötigtem Hilfsmittel dann anders sein? Nur weil man vielleicht *plötzlich* in diese Situation gelangte und vielleicht eben nicht von Geburt an? Fakt ist, es ist möglich damit zu leben und auf vieles nicht verzichten zu müssen. Das, was oftmals ein Problem darstellt, sind die Barrieren, die uns in unserer Umwelt begegnen, doch diese sind nicht durch die MS entstanden, sondern manchmal durch unbedachte Bauten oder eben mangelnder Erfahrung mit Schwerbehinderung. Dies trifft nicht nur auf MS Erkrankte, sondern jegliche Menschen mit einer Schwerbehinderung zu. Nicht eine eventuell vorhandene Barriere selbst nimmt einen Einfluss auf den Krankheitsverlauf, sondern wenn man sich davon ärgern lässt, äußert sie sich lediglich auf die Psyche oder das Emotionale in einem Selbst. Natürlich ist Stress oder psychische Belastung keine hilfreiche Unterstützung bei der MS Erkrankung, aber das sind die beiden Faktoren generell nicht. Weder bei einem kranken noch beim gesunden Menschen. Da ich beide Seiten kenne, nämlich die Seite als agiler Fußgänger, als auch als stark körperlich eingeschränkte Rollstuhlfahrerin, lag es in beiden Phasen an mir selbst, wie ich mit unterschiedlichen Alltagssituationen umgehe oder was ich daraus mache. Wie weit ich mir Hilfen einhole und welche Wege ich nutzen kann, um dennoch an mein Ziel zu gelangen. Ein sich darauf ausruhen oder gar vorschieben der Erkrankung, um mir dadurch selber eine Entschuldigung dafür zu geben, dass ich etwas nicht schaffen könnte, gab es für mich dahin gehend nicht. Ich suchte mir immer Alternativen oder andere Wege und hatte bisher das Glück, diese auch zu finden. Selbiges wäre bei mir auch der Fall gewesen, wäre ich durch eine andere Erkrankung stärker betroffen oder eingeschränkt. Geht nicht, gibt es bei mir nicht und so oft, wie manch einer vielleicht dachte, dass etwas nicht möglich sei, desto interessanter wurde es für mich, genau dieses Ziel zu erreichen. Ich habe sogenannte Höhen und Tiefen erlebt, wie sie es auch gesunde Menschen erleben können und aufgrund meiner progredienten Verlaufsform bei dieser Erkrankung nicht immer die besten Voraussetzungen gehabt, diese zu bewältigen, doch irgendwie hat es dennoch immer funktioniert. Durch den progredienten Verlauf habe ich keine Schübe, so wie es bei den meisten MS erkrankten Menschen der Fall ist. Schübe kommen und Schübe gehen. Genauso wie die Einschränkungen während dieser Schübe kommen können und auch wieder gehen. Bei manchen bleibt auch etwas zurück und bringt sie in den Status der eingeschränkten Körperfunktion. Bei meinem progredienten Verlauf treten nach und nach die körperlichen Einschränkungen ein und bilden sich nicht mehr zurück. Medikamentöse Therapien als auch Kortisongaben brachten keinen gewünschten Effekt. Es konnte dadurch nichts verbessert oder gar aufgehalten werden. Reguläre Basistherapien und eine Eskalationstherapie waren die Versuche, etwas verändern zu können, doch progredient bleibt progredient und lässt sich nicht abbremsen. In dem Bereich der Progredienz gibt es beim sekundär progredienten Verlauf und dies auch erst seit kurzer Zeit, eine zugelassene medikamentöse Therapie, bei der es minimale Erfolge geben soll. Für den primär progredienten Verlauf sieht es da noch etwas schlechter aus. Es gibt einfach bis heute nichts Effektives oder Helfendes in Form einer zugelassenen medikamentösen Therapie. Mitunter liegt es daran, dass der häufigste Verlauf der MS der schubförmige Verlauf ist, für den verschiedene Medikationen entwickelt wurden. Die progredienten Verläufe, wie nun der sekundär progrediente oder eben der primär progrediente Verlauf treten seltener ein. Der sekundär progrediente Verlauf ist sogar bei manchen, also nicht bei allen, schubförmig erkrankten Menschen, der nächste Schritt. Was dahin gehend bedeutet, das einige schubförmig verlaufende MS Erkrankte nach vielen Jahren, in den sekundär progredienten Verlauf übergehen können aber nicht unbedingt müssen. Die Häufigkeit dieses sekundär übergehenden Ereignisses ist zwar nicht so hoch, wie bisher die schubförmige Geschichte, doch sie tritt dennoch häufiger ein, als der primär progrediente Verlauf. Dieser ist weitaus geringer vorhanden und dementsprechend wird sich auf ihn auch weniger, was die medikamentösen Therapien angehen, fokussiert. Gelegentlich erschlich sich bei mir der Gedanke, das ich, damit wohl echt die allseits bekannte Arschkarte gezogen habe und das Gefühl, das man mit dieser Form der MS einfach links liegen gelassen wird, weil es ja sowieso bergab gehen wird. So bergab muss es allerdings auch nicht in einer gewissen Schnelligkeit gehen. Allerdings ist es unabwendbar, das mit der Zeit diverse körperliche Mankos auftauchen und eben bestehen bleiben bzw. sich weiter verschlechtern. Somit blieben bei mir gewisse Dinge, wie beispielsweise ein Tremor in meinen Armen und Beinen bei geringem Kraftaufwand, de Fakto ein Bestandteil in meinem Alltag. Ein Mensch für Hürdenläufe oder ewig lange Wanderwege bin ich sowieso nicht und von daher reichte das, was ich an Wegstrecken noch schaffte, relativ gut aus, und wenn es zu anstrengend wurde, blieb mir noch die Option, mich irgendwo hinzusetzen oder irgendwo einen Kaffee zu trinken. Sich Hinzusetzen war für mich bisher auch in dem Sinne immer völlig unproblematisch, da es mir gleich war, ob ich nun in irgendeinem Café auf einem Stuhl sitze oder mich kurzerhand auf eine Bürgersteigkante niederließ. Hauptsache sitzen und dem Ganzen einen Moment Pause gönnen. Das war oder ist, bei mir auch ein Punkt, bei dieser progredienten Geschichte. Natürlich verlor sich nach und nach das Ausmaß meiner Gehstrecke oder Aktivitäten, doch mit kleinen Pausen konnte ich sie weiter fortführen. Man muss es sich wie einen Akku vorstellen, der von einhundert Prozent einfach mit der Zeit herabfällt. Irgendwann lebt man dann eben mit achtzig, sechzig und weniger Prozent Akku. Das bedeutet dann aber nicht, das man nicht mehr in der Lage ist etwas zu bewältigen, sondern das man eben etwas länger dafür braucht, weil die Leistung nicht mehr mit einhundert Prozent vergleichbar wäre. Wenn mein Handy nur noch fünfzig Prozent Akku besitzt, so kann es dennoch Fotos schießen oder ich kann damit telefonieren. Ich kann vielleicht nicht mehr Stunden damit hantieren, aber wenn ich es kurz nachlade, ist auch dies wieder möglich. Man lernt einfach mit dem, was zur Verfügung steht, auszukommen und es sich so einzuteilen, wie es eben dann zum gewünschten Erfolg führen kann. Ein Umdenken und eben arrangieren mit dem, was noch möglich ist. „Mal eben“ die Fingernägel zu lackieren oder sich mit einer ruhigen Hand zu schminken, ist bei mir nicht einfach so denkbar. Es benötigt Konzentration, Ruhe und den Willen, es dennoch zu schaffen, doch letztendlich geht es. So ist es ganz einfach und ich habe eben diese Form der MS, mit der man klipp und klar leben muss und letztendlich auch lernen sollte zu leben. Natürlich wünscht man sich selbst ab und an eine „nettere“ oder mildere MS Form oder macht sich Gedanken dazu, wie es wohl unter einer anderen aussehen würde. Ich könnte es auch so umschreiben, dass wenn ich einen schubförmigen Verlauf hätte, zumindest in mir die Hoffnung aufblühen dürfte, das sich nach dem Abklingen des Schubes vielleicht wieder alles zurückbildet. Doch da ich keine Schübe habe und die Progredienz ihr eigenes Ding macht, sprich nach und nach irgendetwas weiter einschränkt, blieb mir bisher nichts anderes übrig, es irgendwann so zu akzeptieren und das Beste daraus zu machen. Für mich kamen dann statt Schübe, eben die Zeiten, in denen ich merke, dass wieder etwas nach unten gefahren wurde und somit bastelte ich mir den Alltag erneut um. Soweit war dies mein eigenes Arrangement, mit dem ich relativ gut zurechtkam. Mittlerweile lebe ich nun 16 Jahre mit der Multiplen Sklerose und das Wort LEBE, ist dabei für mich ein wichtiger Bestandteil geworden. Ich habe trotz dieser Erkrankung mein Leben bisher gelebt und werde dieses auch weiterhin. Ich habe gearbeitet, ein Kind bekommen, geheiratet, führe ein Familienleben, Reise, mag Unternehmungen, gehe auf Konzerte und und und. Es gab und gibt keine Grenzen für mich. Ob nun ohne oder mit Rollstuhl. Ich bin auf diesem Planeten geboren und ich habe ein Anrecht auf Leben. Ganz gleich, ob mich eine Erkrankung darin begleitet oder nicht. MS ist der Name einer Erkrankung aber sie bedeutet für mich nicht die Aussage „höre auf zu leben". Im Gegenteil, ich genieße das Leben und ich genieße jeden Tag darin, wo ich etwas Gutes für mich oder meine Familie getan habe. Es sind Tage, an denen ich lache, mich freue oder etwas erreichen konnte, das ich mir als Ziel gesetzt habe. Tätowieren ließ es sich sowohl ohne als auch mit einem Rollstuhl, genauso wie der Besuch beim Friseur oder eine Shoppingtour. Meine Grunderkrankung ist nun mal da und damit habe ich mich abgefunden und trotz dieser so vieles erlebt und erreicht. Vieles erlebe ich intensiver und lerne so außerdem immer wieder Neues über mich selbst und meine Fähigkeiten. Dinge, mit denen ich mich früher nie befasste, ganz einfach, weil ich sie uninteressant oder zu simpel fand, bilden heutzutage für mich interessante Herausforderungen, denen ich mich widme. Meine Beschäftigungen gestalten sich vielseitiger und ausdauernder, weil ich mir gewisse Ziele setze. Mein Ehrgeiz rundet das Ganze letztendlich ab. Mitunter entstehen daraus plötzlich Interessengebiete, die in mir sogar etwas stolz hervor rufen. Mein Gedanke dazu: „Ich bin ja schließlich noch hier, dann kann ich auch etwas Sinniges tun.“ Ich hätte vor der Erkrankung beispielsweise niemals gedacht, dass ich mich eines Tages einmal hinsetze und versuche zu stricken. Oder, dass das Spielen auf dem Schlagzeug motorisch hilfreiche Hintergründe haben könnte. Malen konnte ich noch nie gut. Nicht einmal ein Pferd kann ich malen, doch kleckse ich gerne bunten Farben und Deko-Utensilien auf eine Leinwand. All das gibt mir etwas Ruhe und bereitet mir Freude.

Plötzlich eine rasende Progredienz

Mein Leben war trotz MS und dem nicht gerade günstig klingenden Verlauf, dennoch völlig in Ordnung. Ich hatte mich meiner Meinung nach ausreichend damit auseinandergesetzt und es machte mir keine weiteren Ängste, die ich anfänglich natürlich, wie viele andere auch, nun einmal besaß. Die Erkenntnis, dass ich es erstens eh nicht ändern kann und zweitens immer noch Wege gab und geben wird, blieb mir ein treuer Wegbegleiter und trug dazu bei, dass ich weder auf Ausgehen, Spaß, Tätowieren, Partys, Konzerte, Reisen & Co verzichtete. Zudem war es egal, ob dies, wie im späteren Verlauf, mit einem Rollstuhl geschah, die Hauptsache war für mich, ich konnte das, was ich im Leben gerne mochte, irgendwie auch noch weiter genießen.

Warum auch nicht?

Ab August 2015 wollte meine Progredienz dann scheinbar ihren ganz speziellen Weg gehen, denn sie nahm mit einem Mal rapide zu. Ich war es ja zuvor gewohnt, dass es sich immer einmal nach ein paar Monaten etwas verschlechterte und die Wegstrecken oder Arbeiten, die eine recht feinmotorische Fingerfertigkeit benötigten, einfach zeitaufwendiger wurden. Ebenso minderte sich feststellbar das Kräftepotenzial zum Verrichten mancher Tätigkeiten. Doch bei diesem Abstand, der bisher monatlichen Verschlechterung, blieb es nun plötzlich nicht mehr. Es schien sich anfänglich von den Monatsabständen, in nun nur noch wenige Wochenabstände bergab zu entwickeln, bis hin zum wöchentlich und letztendlich täglich verschlechternden Zustand. Es war für mich völlig unverständlich und vor allem das Schlimmste, ich konnte nichts dagegen tun. Ob nun längere Ausruhphasen, zwischendurch einige Kortisongaben, weniger Aktivität bei Alltagstätigkeiten oder das Reduzieren mancher Wegstrecken, es fand sich kein Punkt, an dem ich sagen konnte, das hier die Grenze ist und nur bis dahin kann ich etwas leisten.

Die Progredienz hatte es etwas eilig und ich bemerkte ihren Werdegang sehr rasant. Ich konnte meinem Zerfall regelrecht in die Augen blicken. Irgendwann kommt der Zeitpunkt, an dem man selber realisiert, das da et-

was nicht stimmen kann. Natürlich war ich mir über den progredienten Verlauf im Klaren und auch aufgeklärt, doch war er mir in solch einem Maße nicht bekannt. Ich suchte wieder einmal den Neurologen auf, und berichtete ihm von meiner Weiteren steten und vor allem rasanten Verschlechterung sowie den dazu eingetretenen Beschwerden und Handicaps. Da ich weder auf medikamentöse Therapieformen ansprach und das zuvor schon gegebene Kortison mir nichts außer den Nebenwirkungen brachte, verlief das Resultat des Aufsuchens, recht ernüchternd. „Das ist nun mal die MS, die ist leider manchmal so“, war die darauf schließende Aussage. Ja... Nein... , lautete mein inneres Veto diesbezüglich.
Ich entschied mich spontan für einen Aufenthalt in einer Fachklinik samt einer Frühreha. Über das Internet fand ich eine Klinik, die zum einen gute Kritiken besaß und zum anderen nicht weit entfernt von mir lag, sodass die Motivation und vor allem die Hoffnung, sie mit einem guten Resultat wieder zu verlassen, ganz weit oben standen. In kürzester Zeit war ich mit einem Mal fest auf einen Rollator angewiesen. Den wollte ich natürlich als eines meiner

Ziele, so schnell wie möglich wieder los werden. Dass es sich zu dem Zeitpunkt als nicht realisierbar herausstellen würde, konnte niemand ahnen, doch hätte mir bei einer genaueren und weiteren Diagnostik, vieles, das mir dann in den Folgemonaten wiederfuhr, erspart bleiben können.
In der Klinik tauchte erstmalig ein Hinweis auf, zu meiner später erkannten Fehl-enden-Diagnose. Zu sehr wurde sich auf die Grunderkrankung MS und ihren Therapieformen konzentriert. Ein Fehler, mit Folgen für mich.

Klinikaufenthalt August 2015

Nach dem Einholen der Einweisung dauerte es nicht sehr lange, bis zu dem eigentlichen Termin, meines Klinikaufenthaltes. Mein Mann, der ebenfalls an MS erkrankt ist, begleitete mich dorthin, da auch bei ihm ein Klinikaufenthalt als richtig und wichtig anzusehen war. Die Hoffnung, herauszufinden, warum mein Zustand sich so rasant verschlechterte und bisher nichts, was man mir gab oder anriet, half, war enorm groß. Man besitzt durch diese Hoffnung die Gabe, zukünftiges einzuplanen und sich vorzustellen, was man nach einem „Hoch“ wieder alles tun und machen könnte. Nach der regulären Eingangsuntersuchung in der Klinik und dem Schildern meiner Problematik wurde ein MRT-Termin angesetzt. Ebenfalls riet man mir erneut zu Kortison. Es war bereits nach kurzer Zeit klar, das es ein längerer Aufenthalt samt Frühreha werden würde und die ersten Therapien in Sachen Physio, Ergo und KG, ließen somit auch nicht lange auf sich warten. Eigentlich kennt man dies alles auch, wenn man bereits öfters in Kliniken lag oder diverse Rehas absolviert hatte. Es ist immer ein ähnlicher Ablauf. Man geht dort hin, voller Hoffnung und Tatendrang, besitzt das Ziel wieder nach oben zu kommen und erreicht mit viel Glück und Engagement dieses auch.

Bei diesem Aufenthalt war das Hauptziel, in Anbetracht der rasanten Verschlechterung, einen Stillstand zu erzielen, um dann nach und nach den Körper in Aufschwung zu bringen. Ziele, Wünsche Träume, sind eine wichtige Voraussetzung. Manchmal erfüllt sich etwas davon und manches Mal auch nicht. Solange es eine 50/50 Chance gibt, solange bedeutet dies keine null Chance und für mich war diese Erkenntnis der Grund, auszutesten, welche der fünfzig Prozent Seite ich nun erzielen kann.

In der Klinik verschlechterte sich allerdings weiterhin mein körperliches Befinden und endete mit noch anfänglich am Rollator gehend, in dem Rollstuhl. Ein MRT brachte keine aktiven Herde mit sich, so wie ich es auch von zuvor schon kannte. Meine MS manifestiert sich eben nicht anhand sehr vieler oder recht aktiver Entzündungsherde. So kam es schließlich, das man mir in der Klinik erst einmal nicht weiterhelfen konnte und letztendlich sogar in eine falsche Richtung arbeitete, in dem man mir eine reguläre MS-Therapie empfahl, die für einen Menschen mit progredienter Verlaufsform wie die meine, eben rein gar nichts gebracht hätte. Nebenbei wurde bei der Blutabnahme ein Folsäuremangel entdeckt, der sich für mich erst einmal nicht erklären ließ. Da Folsäure an sich aber nicht schaden konnte, nahm ich dort täglich dennoch eine Folsäuretablette ein und absolvierte die Übungen der angeschlossenen Frühreha, die mir nicht gut taten und alles nur noch weiter zu verschlech-

tern schienen. Ich bekam plötzlich zu meiner bestehenden Gehproblematik auch noch einen ziemlichen Wackelkontakt in meinen Beinen sowie ein diffuses Ausschlagen der Beine, das ich nicht kontrollieren konnte. Vor allem unter Belastung, also in der Regel nach Krankengymnastik oder Physiotherapie trat dies auf und wurde letztendlich unter Myoklonie eingeordnet, sowie behandelt.
Dass sich meine Beschwerden nach einer physiotherapeutischen Behandlung verschlechterten, kannte ich bereits aus der Vergangenheit und trug dazu bei, dass ich nach Jahren immer wieder erfolgloser Versuche, keine Physiotherapie mehr daheim absolvierte, sondern mir meine Kraft nach gut dünken einteilte. Damit kam ich lange Zeit gut zurecht. Heutzutage bin ich mir relativ sicher, es lag nicht an den Physiotherapeuten selbst, das ich nach Therapien, ob nun in einer Klinik oder in den jeweiligen Praxen die ich zu Hause zu diesem Zweck aufsuchte, jedes Mal extreme Verschlechterungen in den Beinen hatte, statt Verbesserungen, sondern es war zu der Zeit sehr wahrscheinlich schon das Problem vorhanden, das mich später in den Elektro Roll-

stuhl brachte. Nach dem Verlassen der Klinik, änderte sich somit der Alltag für mich nicht sonderlich positiv. Die Verschlechterungen traten weiter ein und hörten nicht auf. Ich wurde zusehends gehandicapter. Benötigte immer häufiger den Rollstuhl. Die stete Erschöpfung tat zudem ihr Bestes dazu und ermöglichte mir kaum noch einen Alltag, in welchem ich den kleinsten Tätigkeiten noch gerecht werden konnte, ohne dass dies weitere Folgen für mich besaß.

Das ständige Gezitter und Gezucke der Gliedmaßen nahm nach einem erneuten Versuch der Physiotherapie nicht ab. Immer wieder bekam ich zu hören, das man da am Ball bleiben müsse um wenigstens den Ist-Zustand zu halten. Nur wie sollte mir dies gelingen, wenn es sich trotz aller Bemühungen immer weiter abbaute und mir die Kraftlosigkeit im Nacken saß, die sich ebenso verstärkte. Es war ein Kreislauf für mich. Ich sollte etwas ausführen, wozu man auch Kraftbenötigte, doch schwand diese im gleichen Zug dazu. Das sich alles noch weiter verschlechtern sollte und weiteres hinzu kommen würde, erfuhr ich sehr bald.

Atemaussetzer

Ich sitze am Abend mit meinem Mann auf der Couch und wir schauen etwas im Fernsehn, als mich plötzlich das Gefühl überkommt, nicht mehr atmen zu können. Ich kann nichts dagegen tun, mich nicht einmal dagegen wehren. Ich atme einfach nicht und dies für gefühlte endlose Minuten. Natürlich habe ich nicht für Minuten aufgehört, sondern es handelte sich um wenige Sekunden, in denen mein Körper wohl einfach vergaß, dass man im Chillmodus dennoch weiter atmen muss. Erst als mein Herz anfing mächtig zu schlagen und ich nach Luft holen konnte, wie ein Fisch, der an Land gespült wurde, war eine körperliche Regung möglich.

Die Sekunden, in denen man plötzlich feststellt, dass man gerade nicht mehr atmet, sind schwer zu umschreiben. Man ist sich der Situation in dem einen Moment sehr bewusst, das man nicht atmet, und hat das Gefühl, als wäre dies durch eine Verkrampfung oder Ähnlichem hervorgerufen. Die Panik, weil keine großartige Regung möglich erscheint, sorgt sodann für den schnellen Herzschlag. Bei keinem meiner danach noch auftauchenden Atemaussetzer kann ich sagen, ob das Herz auch kurzfristig aufhörte zu schlagen, (vermutlich nicht) da man in den wenigen Sekunden des Atemstopps mit ganz anderen Dingen beschäftigt ist. Ich denke nach wie vor, dass der schnelle Herzschlag ganz einfach die Reaktion auf die aufkommende Panik in dem Moment war.

Nach diesem ersten Atemaussetzer war nicht nur ich, sondern auch mein Mann, etwas besorgt. Wodurch kam dieses nun? Habe ich vielleicht irgendetwas zu mir genommen, das mir kurz die Luft abschnürte? Gab es irgendeine andere Ursache? Wir saßen lediglich auf der Couch und verfolgten das Geschehen im TV. Für uns blieb es ungeklärt, und da sich nach einiger Zeit wieder alles normalisierte und ich zur Ruhe kam, entspannte sich somit die Lage wieder. Wenn auch mit einem kleinen Fragezeichen dahinter.

Einige Zeit verging und als mein Mann und ich uns eines Tages am Mittag ein wenig ins Bett legten, um uns etwas auszuruhen, passierte es wieder. Ich befand mich halbwegs in einem Dämmerschlaf, während mein Mann ein Buch las. Mein Rücken war zu ihm gekehrt und somit konnte er keinerlei Gesichtsregung von mir wahrnehmen. Während des eindösenden Schlafes überkam mich wieder einmal ein solcher Atemaussetzer. Erneut war ich völlig regungslos und bekam im vollen Geiste diesen Atemstopp mit. Ich konnte einfach nichts tun, mich nicht bewegen, keinen Laut von mir geben. Obwohl mein Mann nur wenige Zentimeter neben mir lag, war es nicht möglich ihn auf mich aufmerksam zu machen. Wieder dieses Gefühl, als würden endlose Minuten vergehen, doch es waren abermals nur wenige Sekunden, bis das Herzrasen einsetze und man im Geiste nun beim zweiten Mal wusste, das es gleich vorbei ist. So habe ich es zumindest geglaubt, doch bevor ich mich hochraffen, umdrehen oder bemerkbar machen konnte, folgte nach diesem einen Atemaussetzer kurz danach direkt ein Zweiter. Das ganze Spiel von vorne und ich schien keine Chance zu haben, mich irgendwie aus dieser Situation allein herauszuholen. Es blieb nichts übrig als das Ganze über sich ergehen zu lassen und zu hoffen, das es bald zu Ende ist. Das war es dann auch nach diesem zweiten Aussetzer und endlich konnte ich mich bewegen. Ich hievte regelrecht schnell meinen Oberkörper in die Höhe und schnappte nach Luft. Mir rollten die Tränen über das Gesicht und noch immer mit ziemlichen Herzrasen, sowie nicht hundertprozentiger Atmung, erzählte ich meinem Mann von den beiden Aussetzern. Er war sprachlos und zugleich machte er sich Vorwürfe, dass er nichts bemerkt hatte, obwohl er direkt neben mir lag.

Durch meine Bewegungsunfähigkeit, konnte er es nicht bemerken. Für ihn lag ich dort ganz einfach und schlief. Uns war nach dieser Situation klar, dass dies so nicht weitergehen kann. Die Frage, wenn das einmal in der Nacht passiert oder erneut in Situationen, wo er es nicht mitbekommt, stellte sich natürlich bei uns ein. Ebenso die Besorgnis, was wäre, wenn es einmal nicht nur bei den wenigen Sekunden bliebe? Die Frage aller Fragen jedoch war, woher kommt das überhaupt oder was ist das? Ein Arztbesuch ließ sich damit also nicht mehr vermeiden, und da wir sowieso in naher Zeit einen Termin bei unserem Neurologen hatten, stand diese Angelegenheit ganz oben mit auf der Liste. Der Neurologe stand der ganzen Geschichte ziemlich desinteressiert gegenüber und schob es darauf, dass ich aufgrund meiner schon länger bestehenden Schluckstörungen nun aus diesem Grund Erstickungsängste hätte. Er sah es als rein psychische Ursache an. Eine weitere Diagnostik erfolgte durch ihn nicht und ab diesem Zeitpunkt verlor dieser Neurologe für mich und meinen Mann, den noch letzten Fitzel an Kompetenz.

Wir trauerten unserem früheren Neurologen sehr nach, den wir aufgrund unseres Umzuges in eine andere Stadt, nicht mehr aufsuchen konnten, da seine Praxis einfach zu weit weg für uns lag. Es war uns nicht verständlich, warum der hiesige Neurologe trotz der Bestätigung meines Mannes, das weder psychisch irgendeine Ursache vorlag, noch die Tatsache, dass mein Mann nach diesen Momenten Zeuge dieser Geschehnisse war, einfach gar nichts Weiteres veranlasste. Es einfach regelrecht in die Kategorie der Psyche abschob und somit war das Thema erledigt. Selbiges tat er bereits schon einmal, als meine Schluckstörungen auftraten und das Essen und Trinken für mich kaum noch möglich war. Glücklicherweise gab mir der Neurologe auf Beharren meine Mannes wenigstens dennoch eine Verordnung für

einen Logopäden, der sich die Schluckproblematik genauer ansehen sollte. Der Logopäde stellte Defizite und Lähmungen an meiner Kiefermuskulatur und meiner Zunge fest. Ebenfalls vermutete er eine Störung der Speiseröhre, die die Nahrung somit nur langsam nach unten transportierte.
Durch verschiedene Übungen erlernte ich dann Schlucktechniken, die weitestgehend verhindern mich bei der Nahrungsaufnahme, zu verschlucken. War dies doch einmal wieder der Fall, so brauchte es eine Weile, bis ich aus dem Verschlucken wieder herauskam. Diese Verschlucker sind heutzutage nur noch eine Seltenheit und ich kann im Prinzip alles recht unproblematisch zu mir nehmen, außer sehr grobe, raue oder dicke Nahrungsmittel. Diese muss ich in kleine Portionen aufteilen, dann geht es jedoch recht gut und man kann damit ganz gut leben.
Da der Neurologe also schon zum zweiten Mal bei mir Beschwerden rein auf die Psyche schob und zuvor die rasanten Verschlechterungen meines Körpers auf die MS-Erkrankung abwälzte, wurde durch das Nichtbehandeln oder vielleicht einmal in eine andere Richtung

schauend, auch nichts besser. Im Gegenteil, mein regelrechter Zerfall setzte sich fort. Im Juni 2016 war der Zustand, dass ich regelmäßig mit Atemaussetzern zu kämpfen hatte, so wie mit Schluckbeschwerden. Ich konnte mit meinem rechten Arm nicht mehr schreiben, an meinem Körper versammelten sich an den verschiedensten Stellen Muskelzuckungen. Außerdem verlor ich an Gewicht, so wie an Muskelmasse und konnte meinen Rollstuhl irgendwann nicht mehr eigenhändig schieben.

Somit bekam ich im Mai 2016 Kraft unterstützende Räder für meinen Rollstuhl dazu. Anfänglich wirkte es wie eine gute Hilfe, doch bereits einen Monat danach, war auch dies durch meinen starken Kraftverlust für mich kaum noch händelbar. In den eigenen vier Wänden reichte es aus, doch für Unternehmungen draußen, besaß ich nicht einmal mehr die Kraft, mich weit damit fortzubewegen, ohne dass meine Hände sich so zukrampften, dass ein Drehen der Reifen somit nicht mehr möglich war. Es nahm und nahm alles kein Ende. Was war nur los mit mir und meinem Körper und warum half mir einfach nichts? Völlig verzweifelt suchte ich gemeinsam mit

meinem Mann unsere Hausärztin auf. Immer häufiger erschlich sich der Gedanke, dass es nicht alles nur die MS sein kann. Im Bauch und im Kopf geisterte der Gedanke, das da noch was anderes sein muss, doch nachdem die Hausärztin mit ihrer Diagnostik nichts feststellen konnte, standen wir alle vor neuen Rätseln. Ein EKG, eine Blutabnahme, selbst eine Schilddrüsentestung, samt Ultraschall, brachten gute Werte bei der Ärztin. Eigentlich ein Ergebnis, über das man sich freuen könnte, wenn da nicht dennoch dieser ganze Zerfall und körperliche Abbau gewesen wäre.
Ich war mittlerweile sehr abgemagert, dazu körperlich stark eingeschränkt und dem Alltag in dieser Situation überhaupt nicht mehr gewappnet. Es erfolgte für mich letztendlich sogar die Pflegestufe 2, da mein Hilfebedarf groß und immer größer wurde. Was außer der MS könnte noch solch einen rasanten Verfall verursachen? Was war es, das Ärzte bisher nicht sahen oder vielleicht übersahen? Was machte mich so kaputt? Von Arzt zu Arzt und keiner wusste Rat oder es wurde eben unter der MS-Erkrankung abgewiegelt. Mit der Zeit fragt man sich dann wirklich irgendwann, ob man

irgendwo ein psychisches Problem hat, denn wenn die Ärzte nichts finden, gelangt man sogar mitunter an die Vermutung, des eingebildeten Kranken. Ebenso geht das nicht herausfinden irgendwelcher Beschwerdeproblematiken mit der Zeit auch auf die Psyche. Somit kann man die psychische Geschichte also drehen und wenden, wie man möchte. Irgendwann ist sie eben einfach angenagt. Einen weiteren Hammer brachte sodann aufgrund der Beschwerden und des schnell voranschreitenden Verlaufs bei mir, plötzlich die Verdachtsdiagnose ALS. Ich erhielt folgende Informationen zu dieser Erkrankung:

Die ALS ist eine tödlich verlaufende degenerative Krankheit, des motorischen Nervensystems, die in der Regel mit einem rasanten Tempo voranschreitet. Der eigentliche Beginn der Erkrankung kann, wie auch der Verlauf an sich, verschiedene Formen aufweisen. Häufig zeigen sich am Anfang Ungeschicklichkeiten, wie z. B. Stolpern, Hinfallen, oder Probleme beim Halten von Schreibgeräten sowie stetes Muskelzucken und andere Dinge, zu denen dann noch schmerzlose Lähmungen der Arme und/oder auch der Beine folgen. Abhängig davon, welche motorische Nervenzelle zuerst betroffen ist, kann die ALS auch mit Sprach- und/oder Schluckstörungen anfangen. Im späteren Verlauf findet eine komplette Bewegungsunfähigkeit/Lähmung statt, wobei der Erkrankte dennoch bei klarem Verstand bleibt. Die eingetretenen Lähmungen lähmen irgendwann auch das Atmungssystem, sodass ein Beatmungsschlauch für eine bestimmte Zeit, den Betroffenen noch am Leben erhalten kann. Manche ALS Betroffene lehnen diesen jedoch ab. Die Überlebenszeit nach der Diagnosestellung liegt häufig bei 3-5 Jahren. Durchaus gibt es auch einige wenige ALS Erkrankte, die diese Grenze überschritten und einen langsamen Verlauf haben. Als Beispiel gäbe es da den Physiker Stephen Hawking, der bereits seit über 50 Jahren daran erkrankt ist und damit lebt. Es wird vermutet, das er an der chronisch juvenilen ALS Form leidet, die einen sehr langsamen Verlauf besitzt.

Mit dem Wissen über diese Erkrankung und den seit nun vielen Monaten bestehenden Beschwerden und der zunehmenden Verschlechterung war die Verdachtsdiagnose nicht wirklich eine tolle Aussicht. Ausreichend Klarheit,

Abklärung und Diagnostik, sollte sodann in einer anderen Klinik stattfinden, in die mich die Hausärztin überwies. Es war die Klinik, in der ich meine MS Diagnose erhielt.
Eigentlich war ich von der Klinik nicht so angetan, jedoch fanden über die Jahre hinweg, einige Umrüstungen statt und somit ließ es eine Art Hoffnung übrig, dass sich das ein oder andere geändert hat. Nebenbei gab es dort auch eine ALS Ambulanz und in diesem Sinne schon einmal eine richtige Stelle, um eine ALS ausschließen oder eben schlimmstenfalls feststellen zu lassen.
Also ging es für mich im Juni 2016 erneut in eine Klinik und wieder einmal mit großer Hoffnung bepackt, dass nun endlich dieser ganze Zauber oder eher Albtraum, ein Ende haben wird. Der innere große Wunsch, dass man mir hilft und es vielleicht sogar wieder richtig hochgeht, war größer als groß. Derweil besaß ich zunehmend auch noch hinzugekommene Sprachprobleme. Es hörte einfach nicht auf, mit diesem Zerfall und Abbau.

Klinikaufenthalt Juni 2016

Irgendwann ist man es einfach leid, immer wieder irgendwelche Medikationen austesten zu sollen, die letztendlich keinerlei Besserung bringen. Ebenfalls fühlte ich mich oft unverstanden und regelrecht von den Ärzten abgestellt, wenn ich eben nicht auf die gängigen oder durch sie empfohlene Therapien zu meinen Beschwerden ansprach. Zu meinen bisherigen Beschwerden kamen plötzlich an verschiedenen Stellen hin und wieder Muskelzuckungen hinzu, die immer stärker wurden. Sie begannen bereits im Januar 2016 und waren anfänglich nur auf die Beine beschränkt. Ich konnte nicht ausmachen, ob sie nun durch Aktivität, oder auch rein in Ruhephasen kamen. Sie kamen eben, wann sie wollten und unabhängig von Ruhe oder Aktivität.

Mit der Zeit verstärkten sie sich und traten sodann an den Armen auf, als auch am Bauch und am Rücken. Aus dem zuvor leichten Gezucke, wurde ein immer aggressiveres Muskelzucken. Man konnte beim Zuschauen den Eindruck gewinnen, als würde dort jemand oder etwas, einfach an den Muskeln herumzupfen,

um dem ganzen somit einmal ein Bild zu vermitteln. Zudem verlor ich viel an Muskelmasse und dementsprechend an Gewicht.
Erst hieß es, es sei psychisch bedingt, wie es nun häufig auch der Standard hergibt, dann bestand der Verdacht, dass ich einen Mangel haben könnte, doch die Blutabnahme beim Hausarzt zeigte keine Mangelerscheinungen. Von der Seite her war alles in Ordnung. Woher sollte es dann kommen? Ich war weder psychisch labil, im Gegenteil sogar, da ich eher zu der rheinischen Frohnatur gehöre, eigentlich trotz dieses Dilemmas überwiegend gut gelaunt, sowie das Beste aus der Situation machend und damit alles andere als labil. Trotzdem, es war nun mal alles da und es nervte mit der Zeit regelrecht. Das Muskelzucken weckte mich nachts auf. Tagtäglich besaß ich nun Körperstellen, an denen dieses Muskelzucken auftrat. Mal für kurze Momente, mal hielt es sich für mehrere Minuten, bis hin zur halben Stunde an einer Stelle dran. Auf den jeweiligen Muskel drücken, mehr trinken, Bewegen, ruhigstellen, egal was, das Gezucke wollte nicht weggehen.

-Die erste Konfrontation bereits in 2010-

Bereits im Jahr 2010 saß ich im Rollstuhl und es schien fast besiegelt, dass ich diesen nicht mehr los werde, denn mein Körper schlug auf keine typische MS-Therapieform an. Mein Zustand war als faktisch gehunfähig verzeichnet und zudem hatte ich mit einer unschönen Spastik zu tun. Das Ganze zog sich fast zwei Jahre so hin und die Wahrscheinlichkeit von dem Rollstuhl wieder wegzukommen, mit jeder Woche und jedem weiteren Tag kaum noch vorhanden. Anfang 2012 bekam ich zur Krönung auch noch einen kleinen Schlaganfall, und wie es oftmals so ist, schaffen es solche Ereignisse, dass ein Umdenken stattfindet und man hat plötzlich den Wahn, sich und seinem Körper etwas Gutes und Gesundes zu gönnen. So war es auch bei mir der Fall und ich nahm zu der Zeit etwas zu mir, das ich in meinem jetzigen Selbstexperiment ebenfalls einnehme und in beiden Fällen überhaupt keinen Bezug für mich zur MS hatte, jedoch diese damals schon irgendwo positiv zu beeinflussen schien. Sowohl 2012 als auch nun 2016 kam ich nach der Einnahme aus dem Rollstuhl heraus. In beiden Fällen fand die Einnahme aus anderen Gründen statt. Beim ersten Mal aus dem Grund der Gesundheit etwas Gutes zu tun und beim zweiten Mal war es, weil zufällig eine weitere Problematik bei mir festgestellt wurde und dafür das Präparat das Mittel der Wahl ist. Als ich 2012 den Rollstuhl wieder einmotten durfte, war es unerklärbar, dass ich wieder so in Topform kam.

Ich nahm ein bestimmtes Präparat ab Februar 2012 und war im August 2012 völlig fit, agil und gut unterwegs. Im Oktober 2012 wurde mir von einer Neurologin dann gesagt, dass ich es auf keinen Fall weiternehmen dürfte, weil es das Immunsystem sehr wach rütteln würde und dies wäre im Hinblick auf die MS absolut fatal. Dies war mir während der ganzen Monate nie bewusst und ich sah eher in diesen, dass ich es schaffte aus dem Rollstuhl zu kommen und wieder völlig fit bin. Dennoch hörte ich auf sie und ließ es dann weg.

Zwei Monate später traten meine typischen MS Problematiken wieder auf und gingen auch nicht mehr vollständig zurück. Es gab kurze Phasen, an denen mir das Laufen leichter fiel aber mein Körper schien hingegen nur in einem geminderten Ausmaß seine Leistung zu vollbringen. Alles was ich ab dem Zeitpunkt tat, tat ich mit Nachwehen und diese waren absolute Erschöpfung und ein nerviges Zittern der Gliedmaßen.

Man beginnt, seine Grenzen auszutesten und danach den Tagesablauf zu planen. Mir wurde neben der MS dann irgendwann auch die Fatigue (chronisches Erschöpfungssyndrom) diagnostiziert. Diese Fatigue trägt dazu bei, dass man bereits bei kleinsten Kraftaufwänden völlig erschöpft ist und das Gefühl hat, man habe tagelang nicht geschlafen und muss dennoch seine Leistung körperlich und psychisch vollbringen. Es ist vergleichbar mit Blei in den Gliedmaßen, die jegliche Aktivität erschweren. Das Ganze gespickt mit einer ziemlichen Müdigkeit.

Bei der Grunderkrankung MS wird häufig von der Fatigue gesprochen und Ärzte erklären die oben genannten Beschwerden oftmals damit. Prima, so war ich also damit anscheinend auch noch beseelt. So wirklich behandeln lässt sie sich nicht und es existiert kein offizielles Medikament gegen diese, da sich darüber die Gemüter streiten. Ich finde sogar zurecht,

denn die Fatigue selbst, fungiert eher als eine Art Nebenläufer, der mit den Beschwerden bei vielen anderen Erkrankungen auch auftaucht und ebenso in ihrem Ursprung nicht so ganz zu erklären ist.
Man fühlt sich matt, erschöpft und völlig kraftlos. Sie ist nicht alleinig der MS zuzuschreiben, auch wenn dies oftmals so dargestellt wird. Sie erscheint gern als erklärendes Symptom benutzt zu werden, wenn man etwas nicht erklären kann oder vielleicht auch keine weitere Diagnostik veranlasst. Diese häufig der MS zugeschriebene Fatiguegeschichte wurde ich zumindest mit meinem Selbstexperiment ebenfalls los und glaube daher auch, dass sie eher meiner anderen Problematik zuzuschreiben war, die mich zum einen körperlich regelrecht zerfallen ließ und das Rollstuhldasein unterstützte.

Wenn ich einmal zurückblicke und dann auf das heutige Wissen und Resultat schaue, lief so vieles falsch. Nach dem Klinikaufenthalt 2015, in dem man einen Folsäuremangel erkannte, wurde die Folsäure vom Hausarzt wieder abgesetzt, da man keinen Grund sah, dass ich diese

weiternehmen sollte. Ich versuchte mich erneut hochzurappeln, was mir im weiter geminderten Maße für eine sehr kurze Zeit gelang und dies wohl auch nur eher durch einen weiteren Zufall, denn ich nahm zu der Zeit (wieder unwissend, dass es bei meiner MS etwas Positives mit sich bringt) das ein, was ich bereits 2012 und nun in 2016 einnahm.
Da es nicht bewusst im Bezug auf die MS eingenommen wurde, sondern nur um die Vitalität im Allgemeinen etwas zu verbessern, setzte ich es nach ca drei Monaten wieder ab. Ab diesem Zeitpunkt erlebte ich den Beginn der Verschlechterung, wie ich sie zuvor nicht hatte. Ob es nun der Kraftverlust, das Muskelzucken oder der Muskelabbau war, die schnelle und schleichende Verschlechterung war eben ein großer Bestandteil des Alltags geworden.
Das Muskelzucken wurde mit auftretender Spastik abgerundet und mit der Zeit funktionierte mein rechter Arm nicht mehr richtig, sowie meine Finger. Meine Sprünge der Verschlechterung von 2015 bis 2016 waren groß. Ich konnte nicht einmal mehr etwas schreiben, kein Brot mehr schmieren, sowie kleine alltägliche Dinge verrichten, ohne das ich etwas fal-

len ließ, danach ein verstärktes Zittern, Spastik oder andere Probleme bekam. Die altbekannten Schluckstörungen erschwerten mir das Essen und Trinken sehr. Ich verlor weiter an Gewicht und der progrediente Verlauf, schien sich ab nun auf täglich zu reduzieren. Es war erschreckend, was nun plötzlich mit mir passierte. Der Klinikaufenthalt im Juni 2016 daher mehr als notwendig. Die Angst, irgendwann zu ersticken oder an dem körperlichen Zerfall zugrunde zu gehen, veranlasste einfach dazu, weitere Diagnostiken einzufordern. Somit der begründete Aufenthalt im Juni 2016 in dieser Klinik.

Es wurden die typischen neurologischen Untersuchungen, wie sie bei neurologischen Erkrankungen oder bestimmten Verdachtsdiagnosen angedacht sind, somit gemacht. Am Ende äußerte man in der Klinik Vermutungen, bei denen angegeben wurde, dass meine Beschwerden und Ausfälle zwar auf bestimmte Krankheitsbilder passten, jedoch mit den regulären neurologischen Testverfahren wiederum nicht konform gingen. Die einzige Diagnose, an der es nachweislich nichts zu rütteln gab, war die meiner Grunderkrankung, die Diagno-

se der Multiplen Sklerose. Dennoch waren zu dieser, hin und wieder, einige meiner Beschwerden, für manche Ärzte einfach nur untypisch. Der Klinikaufenthalt somit auch wieder alles andere als hilfreich für mich und meine Situation gewesen, da nichts weiter passierte oder veranlasst wurde. Nicht einmal als ich dann zu einer Ärztin sagte, dass wenn man so keine Ursache benennen könnte ich ja dann scheinbar ein psychisches Problem haben müsste und sie mir doch einfach Pillen verschreiben solle, wenn sich damit meine Probleme beheben ließen, fand auf Zustimmung. Es wurde mir sogar mitgeteilt, das man kein psychisches Problem sähe und mir somit auch keine Pillen verschreiben könnte.
Ich hatte also weder ein psychisches Problem, noch fand man die Ursache meines Zerfalls. Es klang für mich nur noch irre und es half mir außerdem in keinster Weise weiter. Der Weg aus "Das ist nun mal die MS" und dem "Eigentlich ist das MS untypisch", wurde für mich ein Weg, bei dem ich nicht nur an körperliche, sondern auch an psychische Grenzen gelangte. Ich wurde Zeuge meines eigenen Zerfalls und Zeuge der Untätigkeit, wenn man mit Be-

schwerden nicht in ein bestimmtes Bild hinein passte. Ebenfalls Zeuge des Abwiegens auf eine bestehende Grunderkrankung. Ich bin dankbar über meinen klaren Geist und dankbar für meine Intuition und den Glauben an mich selbst, sowie an meinen Körper, denn weder physisch, noch psychisch, war ich oftmals nicht erklärbar, einordbar und blieb dementsprechend ohne weitere Behandlung oder gar einer anderweitigen Diagnostik.
Dieser Weg hat Nerven gekostet, viele Tränen, Unmut und Wut. Manchmal kann eine ausgiebige Diagnostik als ein wichtiges Puzzleteil dienen und den Schlüssel zu scheinbar unerklärbaren Beschwerden oder diffusen Verschlechterungen, zusätzlich zu einer Grunderkrankung, darstellen.
Dieses Puzzleteil erhielt ich während eines Klinikaufenthaltes im September 2016, durch einen verdammt guten Neurologen, der nicht nur in die Richtung der neurologischen Erkrankungen guckte, sondern auch andere Bereiche untersucht. Diese Klinik war meine letzte Hoffnung, auch wenn sie für mich weiter entfernt liegt und die Aufnahme dort mit einer meist längeren Wartezeit versehen ist.

Ich kannte die Klinik bereits und war bei einem vorherigen Aufenthalt von dieser sehr angetan. Von dem vielseitigen Wissen der Ärzte dort und der Zeit, die sie sich für Patienten nahmen. Ebenfalls sagte mir und auch meinem Mann bei unserem ersten Aufenthalt die Art und Weise der nicht medikamentösen Therapieformen und Behandlungen zu. Nur das, was wirklich nötig ist und kein großzügiges Verteilen der Medikationen, wie man es häufig in anderen Kliniken erlebte.
Vieles wird dort noch zusätzlich untersucht und im Anschluss daran, nach Lösungen oder gar der Behebung einer Problematik geschaut. Die Klinik ist nicht sehr groß und durch ihr eher familiäres Auftreten auch noch eine der Seele gut tuende Klinik. Nach meinen Erfahrungen des Aufenthaltes nun in der Klinik im Juni konnte es eben nur noch diese eine Möglichkeit geben. Innerlich stieg das Gefühl in mir hoch, wenn man mir dort nicht weiterhelfen kann, werde ich nicht mehr lange leben. Nicht mit dieser Art und Schnelligkeit des Verfalls und Abbaus. Das konnte es doch alles nicht einfach so gewesen sein.

Eine Blutabnahme, die alles verändern sollte

So oft bekam ich zwischendurch zu hören, dass meine Beschwerden eben nicht MS typisch wären, es jedoch keine Zweifel daran gebe, das ich an Multiple Sklerose erkrankt wäre. Mit der Zeit und immer wieder diesen Aussagen, geriet ich nach wie vor selbst ans Zweifeln, ob ich wirklich an MS erkrankt sein soll oder doch etwas ganz anderes dahinter steckt. Ich passte immer wieder nicht in das Bild des „typischen" MS Erkrankten, dennoch hieß es immer wieder, dass ich MS habe.

Bis mir die Diagnose der primär progredienten Verlaufsform zuteilwurde, blieben diese Zweifel lange Zeit bestehen. Nach der Erklärung, was die primär progrediente MS-Verlaufsform wirklich bedeutet, wie sie sich zeigt und was sie alles mit sich bringt, sowie dem Austausch mit den bisher doch wenig anderen die an dieser Form erkrankt sind, verstand ich alles besser. Der Austausch verdeutlichte nun plötzlich Parallelen und ebenfalls die Problematik, dass man bei der ppMS noch weniger machen kann, als bei der schubförmigen oder der sekundär progredienten Verlaufsform. Ich er-

klärte es mir selber so, das die MS an sich, nur der Oberbegriff zu sein scheint, so wie es beispielsweise bei Krebs der Fall ist. Krebs kann sich in verschiedenen Bereichen des Körpers ausbreiten und dementsprechend seine Problematiken machen. Ein Mensch mit Darmkrebs ist nicht zu vergleichen mit einem an Hautkrebs erkrankten Menschen. Ebenfalls Brustkrebs nicht mit Leberkrebs. Die Grundbehandlung ist oftmals die Gleiche beim Krebs, doch aufgrund der Lage oder der betroffenen Organe und/oder Körperstellen, doch manchmal noch etwas spezifischer zu therapieren. Schlimmstenfalls ist er nicht therapierbar, so wie bisher die ppMS auch.
Aus diesem Grund sprach ich wohl auf keine der mir zuvor verabreichten Therapien an. Ebenfalls brachte mir das Kortison bis auf die Nebenwirkungen, keine Besserung. Ärzte, die sich nicht ausreichend mit der ppMS auskennen, neigen nicht selten dazu, die Beschwerden eines MS Erkrankten mit dieser Verlaufsform, als nicht MS typisch zu bezeichnen. Davon auch einmal abgesehen, in meinem Umfeld befand sich auch niemand, der an dieser Form der MS erkrankt war und somit unter ei-

ner ähnlichen Problematik litt. Ich hatte also oft Ärzte um mich, die nicht versiert genug auf diese Verlaufsform waren und zudem vorab keinen Austausch mit Mitbetroffenen.
Nachdem man irgendwann weiß, wie die ppMS verläuft, dass sie ein etwas anderes Krankheitsbild aufweist und das sie ein nicht Vorhandensein von Schüben aber dennoch steter Verschlechterung mit sich bringt, die in Intervallen oder eben langsam schleichend eintreten können, klären sich so manche Problematiken, die bisher unverstanden schienen. Ich befand mich also in einem Intervall der steten Verschlechterung und dieser hielt nun scheinbar seit vielen Monaten an. Auch wenn die ppMS schleichend verläuft, so hat auch sie ein ganz kleines Rahmenmuster und in genau dieses passten mit der Zeit die überall und immer stärker auftretenden Muskelzuckungen nicht mehr so ganz hinein. Auch andere kleine Details ließen einen Arzt während meines erneuten Klinikaufenthaltes nun im September 2016, noch andere Dinge auszuschließen. Na endlich gab es nun jemanden, der die gleiche Meinung teilte und es ebenfalls nicht als normal anssah, sich dennoch nicht auf dem Wort

„untypisch" ausruhte und dann nichts weiter machte. Im Vorfeld wurden Untersuchungen gemacht, die eine ALS Erkrankung weitestgehend ausschließen sollten. Diese wurden bei meinem Klinikaufenthalt im Juni nämlich leider auch nicht eingehend untersucht.

Eine hundertprozentige Garantie hat man nie und es gibt durchaus in ganz, ganz seltenen Fällen ALS Erkrankte, die ebenfalls auch an MS erkrankt sind. Zu diesen Voruntersuchungen zählte ein bestimmter Blutwert sowie ein EMG. Beides lag bei mir nun im Rahmen und wies nicht unbedingt auf eine ALS Erkrankung hin. Eine weitere Blutuntersuchung ergab wieder einmal einen Folsäuremangel wie zuvor im August 2015 bereits in einer anderen Klinik festgestellt, doch vom Hausarzt als nicht so gravierend eingestuft, da es sich lediglich um diesen einen Mangel handelte.

Ebenso schien auch die Klinik in 2015 nur den Folsäuremangel zu erkennen, zu behandeln und weitere Blutuntersuchungen in eine ganz andere Richtung gehend, auszulassen.

Genau in dieser Richtung setzte nun jedoch der Arzt bei meinem Aufenthalt im September an, was für mich der Beginn einer unerwarteten Kehrtwende in meinem Alltagsdasein bedeutete. Man untersuchte mich auf diverse Mängelerscheinungen und ganz gezielt auf einen ganz bestimmten, nämlich dem Vitamin B12 Mangel. Ein Mangel an Vitamin B12 kann, wenn er längere Zeit besteht und nicht behandelt wird, zu folgenden Problemen führen:

Die häufigsten Vitamin-B12-Mangel-Symptome

- **Gestörter Energiestoffwechsel** (chronische Erschöpfung und Müdigkeit, Konzentrationsschwierigkeiten, Muskelschwäche)
- **Nervenschäden** (Schmerzen, Taubheit, Kribbeln, Lähmungen, Koordinationsstörungen, Gedächtnisstörungen)
- **Blutarmut** (Leistungsschwäche, Immunschwäche)
- **Störungen des Hormon- und Neurotransmitterstoffwechsels** (geistig-psychische Störungen, Depressionen, Psychosen)
- **Verdauungsstörungen** (Verstopfung, Durchfall)
- **Entzündungen** (Mund, Magen und Darm)

Ebenfalls können auftreten:

- Blässe, die durch eine Blutarmut, einer sog. "perniziösen Anämie“ durch den Vitamin B12 Mangel auftreten kann.
- Zungenbrennen sowie eine rote Zunge
- Gangunsicherheit, durch Schädigung des Nervensystems
- Verletzungen der Schleimhäute
- eingerissene Mundwinkel
- Schlafstörungen
- Muskelzucken und Muskelschwäche

In meinem Fall bestand ein für mich unerwarteter hoher Vitamin B12 Mangel, der sich nach der Blutabnahme nun herausstellte und für einen großen Teil meiner Beschwerden, welche so rasend schnell und stets schlechter werdend auftraten, verantwortlich zu sein schien. Interessanterweise ist bei einem Vitamin B12 Mangel, wie er bei mir nun bereits bestand, auch immer ein Folsäuremangel zu erkennen. Dieser ist häufig der Vorläufer zu einem Vitamin B12 Mangel. Im Prinzip hat die Klinik im August 2015 den Folsäuremangel richtig erkannt, jedoch keine Veranlassung einer weiteren Blutuntersuchung gesehen, um nach einem Vitamin B12 Mangel zu gucken. Ebenso auch nicht der Hausarzt, sodass die Einnahme von Folsäure an sich nicht als gravierend notwendig angesehen wurde. Über die Monate hinweg breitete sich der Mangel bei mir immer weiter aus und bescherte mir dabei Symptomatiken, die zum einen zur MS gepasst hätten, wie z. B. die chronische Erschöpfung und die Müdigkeit, meine Gangstörung, meine Konzentrationsschwäche usw. Auf der anderen Seite bekam ich durch den Mangel auch andere Beschwerden, die zwar durch diesen entstanden waren, aber eben nicht mit der MS-Erkrankung zusammenpassten. Der Stempel MS und die Grunderkrankung an sich wurden bei meinen Arztbesuchen und Klinikaufenthalten daher immer in den Vordergrund gerückt und die jeweiligen Beschwerden mit ihr abgeglichen.

Wenn es in die MS-Sparte passte, war es gut, und wenn es nicht dort hineinpasste, dann war es eben meine Psyche, mein Stress, dass gar nicht vorhanden war oder vielleicht auch der Grund, dass ich gestern eine grüne und heute eine blaue Tasche bei mir trug. Kurz und knapp gesagt, der nicht erkannte Vitamin B12 Mangel brachte mich in eine Situation, die mit einer einfachen Blutabnahme hätte vermieden werden können, doch aufgrund der MS erst gar nicht in Betracht gezogen wurde. Der Mangel brachte mich also in eine stete körperliche Verschlechterung und einen Zerfall, bis hin in den E-Rollstuhl.

Eine **Fehl-ende-Diagnose**, die mir erst einmal zum Verhängnis wurde und einen größeren Schaden, viele Tränen und Verzweiflung, bis hin zu Selbstzweifeln anrichtete, was überhaupt nicht hätte stattfinden müssen. Wenn ein Vitamin B12 Mangel erkannt wird, so besteht dieser nicht erst seit einer kurzen Zeit. Normalerweise speichert die Leber den Vitamin B12 Bedarf des Körpers, für bis zu einem Zeitraum von drei Jahren. Ebenfalls sagt man, sofern bei einem Menschen keine sonstigen gesundheitlichen Beeinträchtigungen bestehen, oder dieser nicht rein vegetarisch oder vegan lebt, kann sich ein Vitamin B12 Mangel sogar erst nach einem Zeitraum von 10-15 Jahren bemerkbar machen. Die leichteren Mangelerscheinungen können nach 5-10 Jahren auftreten. Bei Menschen mit Verdauungsproblemen kann ein sonst regulärer Tagesbedarf, der abgedeckt wird durch bestimmte Nahrungsmittel, auf Grund des Fehlens des intrinsischen Faktors, ein Eiweiß, das dafür Sorge trägt, das sich im Verdauungstrakt das Vitamin B12 bindet und über die Zellen der Darmschleimhaut aufgenommen wird, zu einem Vitamin B12 Mangel führen. Dieser macht sich dann bereits nach 3-5 Jahren bemerkbar und dahin gehend auch erste Beschwerden.

Wissenswertes zu Vitamin B12

Die tägliche Zufuhr von Vitamin B12 sollte bei Erwachsenen laut Empfehlung der DGE, bei täglichen 3µg liegen, jedoch wird diese Dosis nicht immer nur rein und vor allem ausreichend, über die alltäglichen Nahrungsmittel erzielt.

Der reguläre Tagesbedarf des Körpers wird normalerweise bei etwa 1,5 – 2µg des Vitamin B12 eingeschätzt, doch da die Aufnahme etwas höher liegen muss, weil eben nicht alles Vitamin B12 aus Lebensmitteln oder aus den jeweiligen Vitamin-B12-Präparaten absorbiert werden können. Man sagt, das pro oraler Dosis der Körper maximal 1,5µg über den Intrinsic Factor (IF) und weitere 1 Prozent der Dosis über passive Diffusion aufnehmen kann. Aus diesem Grund sind entweder recht hohe Dosen einzunehmen, um die passive Diffusion auszunutzen, oder kleine Dosen mit großem zeitlichen Abstand über den Tag verteilt, um den IF optimal auszunutzen. Als ein natürlicher Vitamin B12 Spender werden hierbei u.a. die tierischen Produkte, vor allem Fleisch und die Innereien des Fleisches angesehen. Ebenfalls einige Fischarten und als eher mittleren Vitamin B12 Spender hinzukommen verschiedene Käsesorten, sowie Hühnerei und Hühnereigelb. (Genaueres zu den mit viel und eher mittleren Gehalt an Vitamin B12 versehenen Nahrungsmitteln, in der später aufgeführten Tabelle)

Wenn man sich einmal intensiver mit den Inhaltstoffen der jeweils von uns täglich genutzten Nahrungsmittel befasst, so wird einem schnell deutlich, das eine vollständige Tagesabdeckung nicht unbedingt gewährleistet ist, auch wenn es gesund klingt oder auf einer anderen Art und Weise gesundheitliche Effekte besitzt. Weitere Faktoren, wie starkes Rauchen, häufiger Alkoholkonsum, so wie eine einseitige Ernährung, bilden zudem keine gute Unterstützung bei der Aufnahme von B12. Ebenso ist das Risiko einem Vitamin B12 Mangel ausgesetzt zu sein, bei Vegetariern und vor allem Veganern sehr hoch und sollte mit einer zusätzlich künstlichen Zufuhr auf jeden Fall ergänzt werden.

Umstritten, da es bei einigen in den Studien Erfolge gab und bei anderen wieder nicht, ist die Zufuhr von Algen, als Vitamin B12 Ersatz. Hierzu wird häufig Spurilina, Chlorella und Nori verwendet. Algen wurden bisher als pflanzlicher Vitamin B12 Spender angesehen, doch Wissenschaftler fanden heraus, dass Algen eher ein Analoger Vitamin Spender sind, was so viel bedeutet, das B12 Analoga Moleküle sind, die sich zwar chemisch gesehen ähnlich an die jeweiligen Transportmoleküle binden, jedoch keine Entfaltung im Körper stattfindet. Bei fast allen Algen hat sich herausgestellt, dass sie kein echtes Vitamin B12 sind, sondern lediglich nur sogenannte Vitamin-B12-Analoga enthalten, die nicht nur unwirksam, sondern hinzu sogar schädlich sind. Die meisten Forscher raten aus diesem Grund von Algen als B12-Quelle ab und empfehlen dahin gehend natürliche B12-Präparate als eine sicherere Alternative. Besteht ein höherer Gehalt des analogen Vitamin B12, als dem echten Vitamin B12 gegenüber, so kann ein analoges B12 sogar noch einen Vitamin B12 Mangel verstärken, da das analoge B12 sämtliche Transportmoleküle besetzt und somit dem echten B12 keine Möglichkeit mehr bietet, sich anzuheften und entsprechend verwertet zu werden.

In der nun folgenden Tabelle werden in einem Beispiel die mit viel und jene mit mittlerem Vitamin B12 enthaltenen Lebensmittel aufgelistet. Eine nicht ganz unwichtige Veranschaulichung, wie ich persönlich finde und mir ein kleiner Helfer im Alltag war.

Lebensmittel mit viel Vitamin B12

	in µg/100g	in %der empfohlenen Tagesdosis
Austern	14,5	483%
Camembert	3,1	103%
Emmentaler	3,1	103%
Ente, Brust	3,0	100%
Forelle	4,5	150%
Gans	4,0	133%
Hering	8,5	283%
Kalbsleber	60,0	2000%
Kaninchen	10,0	333%
Kaviar	16,0	533%
Lamm	3,0	100%

Lammleber	35,0	1169%
Leberknödel	10,0	333%
Leberwurst, fein	13,5	450%
Makrele	9,0	300%
Miesmuschel	8,5	283%
Rind mager	5,0	167%
Rinderleber	65,0	2167%
Rotbarsch	3,8	126%
Seelachs	3,5	116%
Thunfisch	4,3	143%
Wildschwein	5,0	167,00%

Lebensmittel mit mittlerem Vitamin B12 Gehalt

	in µg/100g	in% der empfohlenen Tagesdosis
Lachs	2,9	97%
Tintenfisch	2,5	83%
Schweineschnitzel	2,1	70%
Edamer	2,0	67%
Parmesan	2,0	67%
Kalb mager	2,0	67%
Hecht	2,0	67%
Hühner-Eigelb	2,0	67%
Gouda	1,9	63%
Hühnerei	1,8	60%
Gyros	1,6	53%
Scholle	1,5	50%
Hackfleisch	1,5	50%
Mortadella	1,4	46%
Salami	1,4	46%
Bratwurst	1,3	43%
Mozzarella	1,3	43%
Frankfurter Würstchen	1,1	36%

Schweinefleisch, mager	1,0	33%
Frischkäse(mind.10% Fett)	1,0	33%
Quark	0,9	30%
Fischstäbchen	0,8	26%
Hüttenkäse	0,7	23%
Sardelle	0,6	20%
Schafsmilch	0,5	17%
Huhn	0,4	13%
Kuhmilch	0,4	13%
Joghurt	0,4	13%
Schafskäse (Feta)	0,4	13%
Hühner-Eiweiß	0,1	3%
Ziegenmilch	0,1	3%
Weizen-/Weißbier	0,1	3%

(Quelle: Prof. Dr. Helmut Heseker, Dipl. oec. troph. Beate Heseker; *Die Nährwerttabelle*, 2. Aufl., 2012)

Kein Vitamin B12 enhalten die folgenden Lebensmittel: Gemüse, Obst, pflanzliche Fette, sowie Öle, Hülsenfrüchte (Bohnen Erbsen usw.), Kräuter, Nüsse und Saaten, Getreide, Weizen, Amaranth, Quionoa und Reis.

Ein Mangel an Vitamin B12 kann sowohl durch einen Urintest als auch durch eine Blutabnahme festgestellt werden. Die Beschwerden, die ein Vitamin B12 Mangel mit sich bringt, können von leicht störend, bis hin zur schweren perniziösen Anämie und Weiterem einhergehen. Aufgrund der Vielseitigkeit der Symptomatiken eines solchen Mangels finden häufig Fehldiagnosen in ganz andere Erkrankungen zugeordnet statt, oder ein Herunterspielen der Symptomatik auf psychosomatische Erkrankungen oder Stress.

Der Verdauungstrakt spielt bei der Aufnahme des Vitamin B12 eine sehr wichtige Rolle und kann bei vorliegenden Erkrankungen des Verdauungstraktes einen Mangel mit sich bringen. Bereits im Speichel bindet sich freies Vitamin B12 an ein Eiweiß namens Haptocorrin, welches das B12 vor der Magensäure schützt.

Das gebundene Vitamin B12 au der Nahrung wird im Magen durch ein Verdauungsenzym freigesetzt, namens Pepsin und bindet sich somit dann an das Haptocorrin. Im Dünndarm findet eine weitere Bindung eines Eiweißes statt, nämlich der intrinsische Faktor. Der

Komplex, aus dem intrinsischen Faktor und dem Vitamin B12, bindet sich dann an den unteren Dünndarm und an Rezeptoren auf den jeweiligen Zellen, der Darmschleimhaut. Die Reaktion darauf ist sodann ein Einschleusen des Vitamin B12 in die Zellen, von denen aus es dann in die Blutbahn gelangt. Da der Vitamin B12 Mangel eine gestörte Blutbildung, als auch Schäden an den Nerven und Organen hervorrufen kann, ist eine Therapie bei einem Mangel sinnvoll. Wichtig ist es, die Ursache abzuklären. Rauchen, Alkohol, senken beispielsweise die Zufuhr des Vitamin B12. Dies bedeutet nicht, dass nun niemand mehr rauchen oder Alkohol trinken soll, doch es wäre sinnig dies in Maßen zu tun.

Ebenfalls kann eine Speicherstörung vorliegen, die dazu beiträgt, dass sich das B12 nicht im Verdauungstrakt bindet. Auch Medikamente und anderweitige Erkrankungen können einen solchen Mangel als Nebenbuhler mit sich bringen. Je nachdem, worin die eigentliche Ursache dieses Mangels liegt, kann eine Zufuhr von Vitamin B12 viele Jahre, bis hin zu lebenslänglich, absolut ratsam sein, um beschwerdefrei zu leben.

Zu den gängigen drei Tests, um einen Vitamin B12 Mangel festzustellen gibt es zum einen den Holo TC-Test, welcher das tatsächlich bestehende und verwertbare Vitamin B12 im Blut anzeigt, allerdings gibt dieser keinen Aufschluss über den Spiegel in Zellen und dem Körperspeicher. Ein weiterer Test wäre der Homocystein-Test, der den Homocysteinspiegel im Blut misst, welcher sich bei einem Mangel erhöht. Allerdings kann dieser Spiegel auch durch andere Einflüsse erhöht sein und somit besitzt dieser Test nur eine beschränkte Aussagekraft. Letztendlich gäbe es noch den MMA-Urin-Test, der von Forschern heutzutage als sehr zuverlässig empfohlen wird. MMA =Methylmalonsäure, die sich sowohl im Blut als auch im Urin nachmessen lässt, und Aufschluss über einen bestehenden Vitamin B12 Mangel gibt. Um einen Vitamin B12 Mangel zu behandeln und den Speicher wieder aufzufüllen bzw. auf einem guten Stand zu halten, bieten sich verschiedene Möglichkeiten an. Zu diesen gehören die schon erwähnten tierischen Produkte, die sicherlich nicht jeder tagtäglich in hohen Maßen essen möchte, nur um seinen Speicher aufzufüllen. Daher gibt es die Alternative der jeweils hergestellten Präparate, in oraler Form sowie bei einem sehr hohen Mangel via Injektion, um den Speicher aufzufüllen.

Voraussetzung einen Vitamin B12 Mangel zielgerecht zu beheben, ist das Kennen der Ursache. Liegt beispielsweise eine Speicherstörung vor, so wäre die Einnahme oraler Präparate nicht hilfreich, da beim Transport zum Magen, Richtung Dünndarm eine Störung vorliegt und das Vitamin B12 nicht weiter transportiert wird. Somit käme es letztendlich nicht ins Blut und der Speicher wird nicht gefüllt. Ein erhöhter B12 Bedarf kann zudem durch eine vorübergehende Situation entstehen, wie z.B. bei Schwangeren, oder einseitiger Ernährung, Stress sowie einer Giftbelastung. Die jeweiligen Ursachen entscheiden die entsprechende Therapieform. Auch unterscheiden sich die verschiedenen oralen Präparate in ihrer Wirksamkeit. Zu den am häufig angewandten Vitamin B12 Präparaten gehören Cyanocobalamin, Hydroxocobalamin und Methylcobalamin. Das Cyanocobalamin ist die synthetische Form des Vitamin-B1 und wird im Körper zu Methylcobalamin und dem Giftstoff Cyanid zersetzt, auf welchen einige Menschen mit zum Teil starken allergischen Reaktionen reagieren können. Der künstliche Stoff Cyanocobalamin ist in der Herstellung sehr einfach und war speziell in den USA, eine lange Zeit das Standardmittel bei einem bestehenden Vitamin-B12-Mangel. Heute wird dieses aber wegen der genannten Nachteile, durch eine der anderen Formen ersetzt.

Hydroxocobalamin wäre eine natürliche Form von Vitamin B12, wie sie auch von vielen unterschiedlichen Bakterien hergestellt wird. Im Körper muss es ebenfalls erst einmal umgewandelt werden, doch besitzt es gegenüber Cyanocobalamin den Vorteil, dass es nicht so schnell ausgeschieden wird und einfacher verfügbar ist. Es erfüllt außerdem wichtige Aufgaben in der Entgiftung. Hydroxocobalamin ist der internationale Standard der Vitamin-B12-Präparate und wird von der WHO als Mittel der Wahl empfohlen.

Methylcobalamin und Adenosylcobalamin können direkt vom Körper verwertet werden. Sowohl Cyanocobalamin als auch Hydroxocobalamin werden im Körper zu Methylcobalamin und Adenosylcobalamin umgewandelt.

Diese Formen werden daher als B12-Co-Enzyme oder bio identische Form von Vitamin B12 bezeichnet.

Die ideale Therapieform wären an sich die natürlichen Formen des Methylcobalamin, Hydroxocobalamin und Adenosylcobalamin. Alle drei Formen besitzen im Körper völlig verschiedene Funktionen und kommen ebenso in natürlichen Nahrungsmitteln gemeinsam vor. Wenn überhaupt, sollte daher das Cyanocobalamin nur zur Erhaltung eines bereits gefüllten Speichers dienen, da nicht die vollständige Dosis im Körper ankommt. Ratsamer sind somit die anderen genannten Wirkstoffe in Vitamin B12 Präparaten.

Eine Erkenntnis, die sich nach späterer Recherche auch bei mir herausstellte. Leider wird der Vitamin B12 Mangel bei manchen Ärzten als nicht so gravierend angesehen und es findet eine Therapie erst dann statt, wenn bereits erhebliche Mangelerscheinungen aufgetreten sind. Gezielte Bluntuntersuchungen in diese Richtung stellen ebenso ein Manko dar, genauso wie der Punkt, das viele Ärzte, sofern ein Patient eine Abklärung des Vitamin B Status

wünscht, dies als Privatleistung ansehen und der Patient die Untersuchung selber zahlen muss. Mit etwas Aufklärung zu einem Vitamin B12 Mangel, der wichtigen Untersuchung hierzu und vor allem der Empfehlung zu diversen Präparaten und Einnahme, könnte jedoch vielem vorgebeugt werden.
Bei den Testwerten in Deutschland wird sich in der Regel an folgende Tabellen orientiert, die in Serumtest, Holo TC Test, Hymosystein Test und dem MMA Testverfahren möglich sind:

<u>Serumtest:</u>

starker Mangel	Wert < 150 pg/ml
Mangel	Wert < 200 pg/ml
leichte Unterversorgung	Wert 200-300 pg/ml
normaler Status	Wert 300-900 pg/ml
Hypervitaminose	Wert > 1000 pg/ml

<u>Holo TC-Test:</u>

Mangel	Wert < 35 pmol/l
Mangel möglich	Wert 35 – 50 pmol/l
Mangel unwahrscheinlich	Wert >50 pmol/l

Homocystein-Test:

Mangel wahrscheinlich	Wert > 12 µmol/l
Mangel unwahrscheinlich	Werte 5 – 12 µmol/l

MMA-Urin-Test:

Mangel	Wert > 3,6 mmol MMA/mol Kreatinin 2 mg MMA/g Kreatinin
Kein Mangel	Wert < 3,6 mmol MMA/mol Kreatinin 2 mg MMA/g Kreatinin

Dementsprechend gestalten sich neben dem Herausfinden der eigentlichen Ursache, die entsprechenden Therapien und Dosierungen, um den Speicher wieder aufzufüllen, den Mangel zu beheben und des Weiteren eine effektive Erhaltungstherapie zu erzielen.
Ein Beispiel zur möglichen Therapieform wäre die nachfolgende Tabelle der möglichen Therapieformen:
(QuelleTabellen:http://www.vitaminb12.de/mangel)

Mangelzustand	Therapie	empfohlener Wirkstoff
Mangelnde Zufuhr (leicht niedrige Werte, keine Symptome)	250 µg /Tag (oral)	Kombination natürlicher Formen (Methyl,Hydroxo,Adenosyl)
Leichter Mangel (Niedrige Werte, leichte Symptome)	500-1000 µg /Tag (oral)	Kombination natürlicher Formen (Methyl,Hydroxo,Adenosyl)
Schwerer Mangel (Sehr niedrige Werte, deutliche Symptome	Aufbaukur: Injektion: für den Zeitraum von ca 4-8Wochen, 1000µg/Woche Oral:4-6 Wochen 5000µg/Woche Danach eine Erhaltungstherapie wie oben angezeigt.	Hydroxocobalamin

Plötzlich geht es aufwärts

Nach dem Feststellen meines Vitamin B12 und Folsäuremangel, erhielt ich noch in der Klinik, hoch dosiertes Vitamin B12 sowie Folsäure als auch Magnesium. Bereits einige Tage nach der Einnahme stellte ich für mich ein für einige Stunden besseres Wohlbefinden fest. Ich war mit einem Mal nicht mehr dauerhaft müde, sondern für 3-4 Stunden von der geistigen Aufnahme her und meiner Konzentration, wesentlich wacher. Auch fühlte ich mich für diesen Zeitraum körperlich wacher. Im Anschluss daran überkam mich jedoch dann wieder eine starke Müdigkeit, so dass ich mich hin und wieder, sofern es mein Therapieplan zuließ, hinlegen musste, da ich mich völlig ausgelaugt und erschöpft fühlte.

Der Wechsel zu den zuvor sehr wachen Stunden wirkte auf mich enorm und es schien als habe man mit einem Mal ein Knöpfchen gedrückt und mich wieder in den Schlafmodus versetzt. Mitunter kann diese Empfindung jedoch auch damit zusammenhängen, dass ich in meinen wachen Stunden entsprechend meiner neu entfachten Energie mir mehr zumutete.

Ließ die Wirkung nach, so empfand ich dann diese extreme Müdigkeit, die letztendlich seit vielen Monaten bereits ein Bestandteil meines Alltags war. Der Unterschied zu wach und müde war so groß für mich, dass ich es als extrem empfand, wenn diese „altbekannte“ Müdigkeit und Erschöpfung einsetzte. In meinem jetzigen, heutigen Zustand für mich fast kaum noch vorstellbar, dass ich mich monatelang in dieser Müdigkeit und Erschöpfung bewegte. Für mich war es faszinierend, wie es sich plötzlich entwickelte. Ich hatte Blut geleckt und ich wollte mehr. Noch länger so wach und fit sein und noch mehr ausprobieren, was ich nun vielleicht jetzt noch zusätzlich zu meinem wachen Geist auch körperlich schaffen könnte. Noch in der Klinik selbst versuchte ich mich an Geräten, dem Laufbarren und was sich mir anbot. Vieles war für mich nur eine kurze Zeit nutzbar, da nach und auch manchmal während der körperlichen Anstrengung, immer Schmerzen folgten. Schmerzen in meinen Armen als auch Schmerzen in meinen Beinen. An manchen Tagen besaß ich nicht einmal die Kraft, schmerzfrei an einem elektrischen Fahrrad zu fahren, obwohl ich lediglich im Rollstuhl da-

vor saß und die Pedalen automatisch traten. Der Schmerz, Krämpfe oder ein starkes Brennen der Beine, machten es nicht angenehmer. Ich habe die Therapien oftmals verflucht, doch bin ich trotzdem weiter dorthin gegangen. Ich merkte minimal eine Verbesserung meines Körpers, ebenso das sich das Muskelzucken ein klein wenig reduzierte. Es ging irgendwie nun für mich nach oben. Schmerzen gehörten dann wohl einfach dazu.
Bei meiner Entlassung wurde mir angeraten die Vitamin B12 Therapie weiterhin fortzusetzen und dies mindestens für drei Monate. Dann wäre eine Blutuntersuchung indiziert, ob sich der Wert normalisiert oder zumindest etwas gebessert hat. Auf meinem Rezept befanden sich somit das Vitamin B12 Präparat, Folsäure (Vitamin D9) und Magnesium sowie mein reguläres Muskelrelaxan gegen die Spastik. Einen Vitamin D4 Mangel besaß ich im Übrigen nicht. Zwar noch immer im Rollstuhl sitzend, doch in einem wesentlich besseren Zustand, verließ ich dann nach knapp drei Wochen wieder die Klinik.
Nach der Heimkehr und dem darauffolgenden Besuch beim Hausarzt wurde mir mitgeteilt,

das man mir diese Präparate trotz des nachgewiesenen Mangels und der Beschwerden, nicht als reguläres Rezept ausstellen könnte. Lediglich das Magnesium gehe auf Rezept, jedoch das Vitamin B12 und die Folsäure nicht. Ich erhielt dazu kurzerhand ein grünes Rezept. In diesem Moment war ich sehr verärgert darüber, denn mir schien das B12 zu helfen. Ich fühlte mich besser und Leistungsfähiger. Darauf und somit auch auf die, wenn auch erst einmal nur minimaleren Verbesserungen, zu verzichten, kam mir nicht in den Sinn. Ich wollte nicht wieder dort landen, wo ich vor wenigen Wochen noch war.

In der Apotheke erkundigten wir uns nach diversen Präparaten und Preisen. Zeitgleich suchte mein Mann im Internet nach Alternativen und wurde fündig. Somit bestellten wir eine Ladung des Vitamin B12 Präparates, Folsäure und zudem auch noch einmal das Magnesium. Meine tägliche Dosierung, mit Vitamin B12, Folsäure, Magnesium und Muskelrelaxan bestand nun aus folgender:

- Vitamin B12 - 4000µg
- Folio Forte Tablette, - 800ug Folsäure, 150µg Jod und 10ug Vitamin B12.
- Magnesium 400mg
- 30mg Muskelrelaxan-Baclofen/Tag

Da mir diese Zusammenstellung in der Klinik bereits positive Veränderungen brachte, erschien es mir aus meiner Sicht als sinnvoll dies Weiterfortzuführen und nebenbei auf weitere Erfolge und Besserungen zu hoffen. Enttäuscht werden sollte ich dabei nicht, denn ich spürte in regelmäßigen Abständen Veränderungen und eindeutige Besserungen, die mich anspornten am Ball zu bleiben. Es war nicht so, das ich tagtäglich nun mit großen Aufschwüngen rechnen konnte, doch teils wöchentlich bis hin zu zweiwöchentlich, konnte ich neue Steigerungen feststellen. All dies wirkte auf mich spannend und interessant, so das ich anfing eine Protokoll darüber zu führen, um die Zeiträume und vor allem die Erfolge genauer festzuhalten. Während meines Protokolls setzte ich zudem für eine kurze Zeit jegliche Präparate ab, um einen Vergleich zwischen mit und ohne Präparate erkennen zu können. Ein dreimonatiges Protokoll sah wie folgt aus:

Kleines Protokoll nach 12 wöchiger Einnahme

Woche 1

Bereits in der ersten Woche nach der Einnahme fühle ich mich über den Vormittag hinweg für einige Stunden sehr wach. Bei der Einnahme um ca 8 Uhr hält dieses Gefühl des Wach- und fitsein bis ca 12/13 Uhr an. Kurz danach überkommt mich eine große Müdigkeit, als hätte ich ein paar Tage nicht geschlafen. Ich gönne mir hin und wieder ein bis zwei Stunden Mittagsschlaf, die mir für den Rest des Tages ausreichend Akku verleihen.

Woche 2

Die Müdigkeit tritt nun erst ab ca 16 Uhr ein. Ich schlafe mittags nicht. Versuche Dinge, die ich zu regeln habe, auf den Vormittag zu schieben. Ich empfinde eine Konzentration und nicht mehr diese Zerstreutheit, wie sie sehr oft in meinem Kopf stattfand. Meine Abläufe und Gedanken scheinen sortierter zu sein. Ebenfalls die Empfindung Power zu haben und das Absolvieren kleinerer Tätigkeiten, ohne danach völlig erschöpft zu sein, sind vorhanden und machbar. Meine Spastik lockert sich ein wenig, jedoch ist sie den ganzen Tag über noch präsent. Ebenso das Muskelzucken.

Woche 3

Es scheint ein Stillstand zu herrschen, dennoch ist es positiv, da sich meine Müdigkeit und Erschöpfung auf einem für mich tragbaren Zweig befinden der es mir ermöglicht, alltägliche kleine Aufgaben wiederholen zu können, ohne mich völlig ausgelaugt zu fühlen. Mittagsschlaf ebenfalls nicht nötig.

Woche 4

Ich stelle erneute Verbesserungen fest. Meine Spastik verliert sich in den Beinen und das Muskelzucken an jeglichen Körperstellen wird deutlich weniger. An manchen Stellen taucht es sogar nur noch gelegentlich am Tage für eine kurze Zeit auf und verschwindet wieder. Das Gezitter meiner Arme, speziell des rechten Armes, nimmt ab. Ich kann Dinge halten und versuche diverse Sachen anzusteuern.

Woche 5

Das Greifen und halten von Messer oder einer Gabel, funktioniert nun mit meinem rechten Arm. Er scheint an Kraft zu bekommen und ich widme mich den Versuchen etwas zu schreiben. Von der Müdigkeit und der Erschöpfung (Fatigue) nichts zu spüren. Ich komme gut durch den kompletten Tag, ohne mich mittags hinlegen zu müssen. Bewegungen meiner Beine sind mit Zittern und noch größerer Schwäche, dennoch möglich. Keine Spastik.

Woche 6

Ich bin imstande etwas mit einem Stift zu schreiben. Verkrakelte Schrift und nicht viel am Stück, doch lesbar und für eine Einkaufsliste ausreichend. Das Gefühl fit zu sein, Power zu besitzen, immer besser werdende Konzentration, macht sich breit und immer weniger Muskelzucken. Leichtes Zittern der Hände vorhanden, bei feinmotorischen Dingen, dennoch eine gute Steuerung. Nach und nach mit Festhalten kurze Gehstrecken möglich, allerdings mit Zittern und Schwäche der Beine.

Woche 7

Bis auf die weiter verbessernde Gehfähigkeit, keine sonderlich große Veränderung eingetreten. Versuche am Rollator klappen gut. Alles andere wie gehabt. Mein Mann nimmt zu seinem Vitamin B12, ebenfalls jetzt auch Magnesium.

Woche 8

Die zuvor eingetretenen Verbesserungen scheinen noch einmal einen Aufschwung bekommen zu haben und haben sich weiterhin positiv geändert. Fit, wach, keine Spastik, keine Fatigue, Motorik besser, Muskelzucken gelegentlich aber nicht mehr kontinuierlich jeden Tag. Wege mit dem Rollator von Raum zu Raum, sowie mit dem Aufzug zum Keller und wieder zurück, klappen gut. Arme und Beine scheinen mehr an Kräfte zu gewinnen und das Zittern nach jeweiligen Aktivitäten nimmt deutlich ab.

Woche 9

Das erste Mal erfolgreich ein kleines Stück mit dem Rollator hinaus, anstelle des Rollstuhls. Mehrere Sitzpausen zwischendurch mussten jedoch auch sein. Wenige Tage später der 1. Versuch, mich an dem Rollstuhl meines Mannes festzuhalten, um den Rollator zu Hause zu lassen, klappten für einen kleineren Weg. Sitzpausen waren jedoch noch nötig.
Ich entwickle ein höheres Schmerzempfinden. Fraglich ist, ob es dadurch kommt, das mein Schmerzempfinden durch die MS gestört war und das Empfinden nun ein normales Empfinden darstellt, welches ich über eine sehr lange Zeit nicht mehr besaß. Vor allem nicht im Bezug auf Hitze und Kälte.

Woche 10

Mein Mann nimmt jetzt zusätzlich auch Folsäure zu dem Vitamin B12 und dem Magnesium hinzu. Minimale Verbesserungen stellen sich bei ihm ein. Besonders auf die Erschöpfung und die Müdigkeit bezogen. Er fühlt sich deutlich wacher. Ebenfalls ein ausgeglichenes

Gemüt und Wohlbefinden der Psyche. Ich laufe immer mehr ohne den Rollator. Konzentration Top und weiterhin keine Spur mehr von der Fatigue. Spastik weiterhin so gut wie weg und zittern der Beine nur nach größerer Anstrengung.

Woche 11

Meine Wegstrecke des Gehens, ohne Hilfsmittel, jedoch mit Sitzpausen, wird immer größer. Einkauf und Spaziergänge lassen sich gut absolvieren. Allgemein ein sehr gutes Wohlbefinden und viele alltägliche Leistungen möglich, die sich immer mehr steigern lassen.
Zwischen der 11. und 12. Woche nahm ich einige Tage die Präparate nicht ein, um zu schauen, ob es auch ohne diese weiterhin so gut funktioniert. Nach wenigen Tagen stellten sich die alten Beschwerden wieder nach und nach ein sowie auftauchende Spastik und Muskelzucken. Nach der erneuten Einnahme reduzierte es sich wieder und entwickelte sich zurück.

Woche 12

Ich bin absolut alltagsfit. Kann mich um Dinge des Haushalts kümmern, habe mit meinem Mann den Weg in die Stadt, samt Bummel geschafft. Sitzpausen weiterhin wichtig und ohne ginge es noch nicht über einen längeren Zeitraum. Ich kann nicht all zu schwere Einkäufe tragen und mit viel Konzentration ein paar feinmotorische Dinge gut leisten.

Verbesserungen bei meinem Mann treten ebenfalls ein. Seine Fatigue scheint weg zu sein, die Psyche weiterhin sehr gut. Das öffnen und teilweise Greifen mancher Dinge, mit seiner zuvor rechts verschlossenen Hand, werden immer häufiger möglich. Das Fassen des Duschkopfes als auch das Greifen nach einer Türklinke. Minimale Verbesserungen treten ein.

Weitere Wochen im Verlauf mit diesen Präparaten brachten nun keine weitere Veränderungen mehr, jedoch ermöglichen sie mir bis heute das Halten meines körperlichen Standes.

Die Erkenntnis und der Selbstversuch

Nachdem ich über 12 Wochen meine Präparate zu mir nahm und eines Abends im Bett über meine vorherigen Rollstuhlphasen in 2010-2012, sowie der kurzen Zeit in 2014 nachdachte, wurde mir plötzlich eines bewusst, als ich nach Vergleichen suchte oder Prallelen, die dazu beigetragen haben könnten, dass ich immer wieder meinen Weg ohne jegliche MS-Medikation aus dem Rollstuhl fand.

Lange Zeit schwirrte in meinem Kopf der Gedanke, dass ich vielleicht keine MS habe und ganz andere Ursachen dafür verantwortlich sein mussten, warum ich im Rollstuhl saß, denn ich hätte doch wenigstens auf irgendeine Medikation ansprechen müssen, die man mir in den jeweiligen Phasen verabreichte. Doch dem war nicht der Fall. Irgendwas muss ich dennoch zu mir genommen haben oder verändert haben, das mir den entsprechenden Aufschwung des Körpers gab. Ich spielte die jeweiligen Rollstuhlphasen immer wieder durch. Habe ich zu dem Zeitpunkt eine bestimmte Ernährung ausgelebt oder habe ich vielleicht auf etwas verzichtet, was ich sonst nicht tat? Und dann klingelte es irgendwann in mir. Als ich mich von 2010-2012 im Rollstuhl befand, bekam ich Anfang des Jahres 2012 einen kleinen Schlaganfall. Mein Kopf hatte nach diesem Zeitpunkt den primären Gedanken, meinem Körper Gesünderes zuzuführen und neben einer recht normalen und ausgewogenen Ernährung, nahm ich ein reines Vitamin B12 Präparat zu mir. Einfach in dem Glauben mir damit zusätzlich etwas Gutes zu tun. Monate später konnte ich meinen Rollstuhl im Sommer 2012 regelrecht wieder einmotten. Das Präparat nahm ich noch eine gewisse Zeit lang weiter und es ging mir körperlich sehr gut, bis zu dem Zeitpunkt, als mich meine damalige Neurologin darauf hinwies, das Präparat sofort abzusetzen, da es eine größere Aktivität in meinem Immunsystem vornimmt und ich mir im Bezug auf die MS damit ein Eigentor schieße. Ich setzte das Präparat ab und mein körperlicher Zustand verschlechterte sich nach und nach. Erneut half weder Kortison noch eine MS-Therapieform um den Verfall aufzuhalten. Es folgten Kliniken, Rehas sowie Krankengymnastik und Physiotherapie, die nur minimale Besserungen erwirkten. 2014 nahm ich aufgrund eines Kinderwunsches erneut ein Präparat mit viel Vitamin B12 zu mir, sowie prophylaktisch Folsäuretabletten, die bei einem Kinderwunsch immer empfohlen werden. Es ging mit einem Mal wieder aufwärts und die Zeit der Kinderwunschphase war für mich zudem eine der besten Wohlfühlzeiten der letzten Jahre. Aus neurologischer Sicht war häufig nicht klar, in welcher Verlaufsform ich mich bewege, denn so wirklich im MRT nachweisbare Schübe fanden bei mir nicht statt. Mein Herdaufkommen änderte sich zwar minimal um ein paar wenige hinzukommende Herde, aber bis auf zwei MRT´s gab es keines, in dem bei einer Verschlechterung meines Körpers ein aktiver Herd zu finden war. Man schwankte zwischen einem schubförmigen und doch eher einem chronisch progredienten Verlauf bei mir.

Nach dem leider nicht erfolgreichen Kinderwunsch, setzte ich in 2015 irgendwann alle möglichen Präparate ab, da ich in diesen keinen Sinn mehr sah. Ein Absetzen mit Folgen, denn wie schon zuvor, brachte das Absetzen bei mir erneut körperliche Beeinträchtigungen mit sich und diesmal in einem für mich sehr schnellen und für die Ärzte zuerst unerklärbaren Tempo. Von der schubförmigen Verlaufsform kam man komplett ab und tendierte zum chronisch progredienten, bis hin zum primär progredienten Verlauf. Messungen zeigten Nervenstörungen, teilweise eingetretene Lähmungen meiner Füße und Beine, doch ein MRT keine Herdaktivität. Die verabreichten Kortisoninfusionen brachten abermals nur ihre Nebenwirkungen mit sich und vor allem Ratlosigkeit. Manches wurde als MS typisch tituliert und anderes wiederum nicht. An der Diagnose MS hegte niemand einen Zweifel und so entschied man sich dazu, dass mein Verlauf primär progredient sei, was erklären würde, warum ich mich stets verschlechtere und zudem auf keine Therapieform ansprach.

Schon fast mit diesem Schicksal abgefunden und dem späteren Dasein im E-Rollstuhl habe ich versucht dies alles mit in den Alltag zu kompensieren, doch dann begann im Sommer 2016 nach dem Klinikaufenthalt für mich das dritte Erwachen aus dem rollenden elektronischen Metallesel. Die Freude über den plötzlichen Aufschwung und die Motivation weiter und weiter hinauf zu kommen, brachten mich eines Tages auf weitere Selbstexperimente. Ich dosierte das Vitamin B12 ganz einfach um eine Kapsel auf. Ebenfalls machte ich es mir zur Angewohnheit, es morgens pulverisiert in ein Glas frisch gepressten Orangensaft zu geben. Magnesium und Folsäure nahm ich in gewohnter Menge zu mir. Ich las mich immer mehr und mehr durch die Materie Vitamin B12 hindurch und eine meiner Vermutungen war es, das mein Speicher sich entsprechend auffüllen musste, um dann später das Präparat wieder auf eine Kapsel herabzusetzen und somit lediglich nur noch eine Erhaltungstherapie zu bewahren, die ich bis heute auch noch weiterführe.

Natürlich gibt es bei mir hin und wieder Tage, an denen ich mich etwas träger oder auch unagiler fühle, doch ich denke, ein gesunder Mensch hat auch solche Tage und werte diesen daher keine große Bedeutung. Ich habe einen Level erreicht, der mich einen relativ guten Alltag leben lässt. Ich kann mich ohne Hilfsmittel bewegen und Spaziergänge mit Sitzpausen absolvieren. Ich kenne meine Grenze der Beweglichkeit und wäre zwar noch nicht imstande einen langen Ausflug oder sehr lange Strecken ohne ein Hilfsmittel zu bewältigen, doch betrachte ich es wie einen Luxus, einen kleinen Einkauf oder gar Haushaltsaktivitäten im gewissen Maß ausführen zu können.

Ich bin weitestgehend auf Hilfe anderer nicht mehr angewiesen, was für und vor, einigen Monaten, für mich nicht mehr vorstellbar war. Ich weiß, dass mein Körper nicht mehr die hundertprozentige Leistung schaffen wird, doch das, was er nun seit geraumer Zeit schafft, ist für mich dennoch mehr als zuvor und lässt mich in meiner Mobilität jeden Tag erneut aufs größte Maß genießen. Es darf eben nicht vergessen werden, das ich durch die schleichende MS Verlaufsform immer mit diversen Verschlechterungen zu rechnen habe und Dinge, die sich durch diese verschlechtern, mir neue Grenzen auferlegen, doch die zuvor stattgefundene Verschlechterung war nicht alleinig auf die MS und die Progredienz zurückzuführen, das ist Fakt.

Der weitere Verlauf

Auch im weiteren Verlauf geht es mir weiterhin gut. Mein Vitamin B12 Speicher scheint aufgebaut zu sein und durch die Erhaltungstherapie bewege ich mich weiterhin auf einem guten Level. Hin und wieder ertappe ich mich selbst dabei, wie ich mir Dinge zumute, die über meine Grenzen gehen, ganz einfach weil ich es austesten möchte oder so viel Kraft in mir zu fühlen meine, dass es sich spätestens am nächsten Tag doch wieder rächt. Ich kann morgens ohne Probleme wieder mein Brot schmieren, mit einem Stift schreiben, den Haushalt führen und zudem meinem Mann behilflich sein.

Tage, an denen ich merke, dass sich wieder etwas von dem meldet, was zuvor ein Manko war, wie beispielsweise ein Tremor meiner rechten Hand, der mich darin hindert mehrere Zeilen am Stück zu schreiben, gebe ich in dem Moment nach und lasse es liegen. Das ist sozusagen mein Deal mit der MS. Sie meldet sich hin und wieder, ich höre auf ihre Warnzeichen und mache dann ein Stopp um sie nicht auszureizen. Das klappt in meinem Fall recht gut und besitzt auch noch den positiven Effekt, das man sich nicht selber unnötig unter Strom setzt.

Ein gesunder Mensch, der sich dauerhaft viel Arbeit, Stress oder Überbelastung zumutet, der wird, wenn er nicht auf seine körperlichen Signale achtet, ebenfalls eines Tages völlig k. o. und körperlich angegriffen im Bett liegen. Ich bin nicht gesund und ich habe nun einmal eine Erkrankung, die mir eigentlich rechtzeitige Signale und Warnzeichen gibt, die mich beim Beachten dieser, einen ganz regulären Alltag leben lässt.

Natürlich scheint es nun etwas gewagt zu klingen, sich rein auf die Präparate zu verlassen und bei jedem MS Erkrankten nun eine Wunderheilung zu bewirken. Das wäre auch nicht mein Streben, denn jeder Körper ist anders und die MS zudem bei jedem Betroffenen auch. Dennoch kann ich mit ruhigem Gewissen sagen, das es in meinem Umfeld auch weitere Menschen gibt, die ebenfalls nach meinen Erfolgen diese Präparate austesten und sich nach und nach auch bei diesen diverse Erfolge einspielen. Anfänglich, so wirkt es zumindest, scheint das B12 diese stete Erschöpfung, Kraftlosigkeit oder wie es bei der MS auch gerne immer wieder genannt wird „Fatigue“, positiv zu beeinflussen, bis hin zum Verschwinden dieser, bei mir. Mit der Fatigue habe ich also weiterhin keinerlei Probleme mehr. Ganz im Gegenteil, ich fühle mich kraftvoll und überhaupt nicht erschöpft. Das war für mich schon die halbe Miete, denn wie soll ich mit einem völlig erschöpften Körper noch irgendwelche Übungen oder Aktivitäten vollbringen können. Ich würde mich im Kreis drehen. Abgesehen davon, dass bei einer chronischen Erschöpfung die Motivation nicht gerade die größte ist, noch irgendwelche Bewegungen oder Trainings zu absolvieren. Wie auch bei mir, stellte sich die Erschöpfung und die Kraftlosigkeit bei den anderen nach bereits einer kurzen Zeit immer weiter ein.

In dieser Hinsicht scheint es daher schon einmal einen positiven Effekt zu geben, der unabhängig von der jeweiligen Verlaufsform ist. Bei einer Nutzerin der Präparate besteht ein chronisch progredienter Verlauf, sowie der Gebrauch des Rollstuhls, was längere Wege angeht. Eine andere Nutzerin hat den schubförmigen Verlauf und konnte neben der Verbesserung der steten Erschöpfung, eine Verbesserung ihrer Sehkraft feststellen, die nach mehreren Sehnerventzündungen eingeschränkt war. Interessant empfand ich ebenfalls die Aussage eines Nachbarns. Dieser ist nicht an MS erkrankt, hat jedoch häufig mit Muskelschmerzen zu tun. Als ich ihn eines Tages einmal im Hausflur traf und er mir seine Freude darüber, dass ich nun wieder so mobil wirke, mitteilte, kamen wir auf das Vitamin B12 zu sprechen. Er erzählte mir, dass er sich beim Arzt vor Kurzem wegen seiner Muskelschmerzen dreimal B12 injizieren ließ und seit dem wieder schmerzfreie Tage habe. Die Injektionen lässt er sich seit vielen Jahren immer wieder einmal geben, da sie ihm helfen. Das fand ich sehr interessant zu hören. Es gilt bei einem Selbstversuch so weit zu gehen, wie es für einen selbst tragbar ist. Ich kann keine Empfehlung bei irgendwem aussprechen und nur von meiner Dosierung und Art der Präparate berichten. Alles Weitere liegt bei jedem Selbst und sollte bei jedem im eigenen tragbaren ausgetesteten Maße liegen.

Mein Mann im Selbsttestverfahren

Nachdem sich bei mir die diversen Erfolge einstellten, war auch mein Mann nach kurzer Zeit sehr an den Präparaten interessiert. In seinem Fall besteht nicht nur die MS, sondern auch die Auswirkungen, die die PML bei ihm hinterlassen haben. Seine Einschränkungen sind dementsprechend stark, doch auch er ist am Leben weiterhin sehr interessiert und zudem an allem, was dazu beiträgt, es leichter zu gestalten. Das Erste, was er nach seiner Einnahme wie auch bei den anderen, feststellen konnte war, dass seine Erschöpfung nachließ. Er fühlte sich wesentlich fitter im Alltag. Ein weiterer positiver Effekt war die sehr ausgeglichene Gemütslage. Hin und wieder litt er an depressive Phasen und diese wurden mit der Zeit weniger und weniger, bis hin zu einem bis heute anhaltenden Dauerzustand der Ruhe und Ausgeglichenheit.

Auch er nimmt keine reguläre Therapieform bezüglich der MS und ist vom schubförmigen Verlauf seit geraumer Zeit in den chronisch progredienten Verlauf übergegangen. Im Kontroll-MRT waren bei ihm seit 2 Jahren keine neuen Herdaktivitäten nachweisbar, obwohl er keinerlei Therapieform mehr nahm. Wir wussten daher, dass die Verschlechterung an sich nun nicht von aktiven Herden ausgeht, sondern die bis dato bestandenen Beschwerden weiterhin bestand hatten und sich gegebenenfalls nun mit der Zeit verschlechtert haben, was die Progredienz an sich auch erklärt.

Seine Dosierung beträgt eine Vitamin B12 Kapsel mit 4000µg, sowie das Magnesium und auch die Folsäure, die Männer im Übrigen durchaus nehmen können, da sie ein wasserlösliches Vitamin aus der Vitamin B Reihe ist und über den Urin ausgeschieden wird. Nach der Verbesserung der Fatigue folgten kleinere diverse Verbesserungen, was die Motorik und das Ansteuern anging. Ebenso und dies im aktuellen Stand, eine leichte Verbesserung der Sehstärke, die primär auf einem Auge durch eine Sehnerventzündung reduzierter war. Wir wissen, dass er aufgrund der PML Schädigungen nicht wieder komplett hergestellt sein wird, dennoch geben ihm die Energie und Kraft sowie die kleineren Verbesserungen eine weitere Form an Lebensqualität. Bei ihm scheinen sich die Verbesserungen in größeren Abständen als bei mir, einzustellen. Wichtig ist jedoch, dass diese stattfinden, ganz gleich, wie lange dies dauert. Auch er führt eisern die Einnahme der Präparate fort und wir hoffen auf weitere Erfolge. Im Großen und Ganzen können mein Mann und ich eine deutliche Veränderung und Verbesserung der Beschwerden, die die MS beschert, feststellen. Es ist kein Allerheilmittel oder gar DAS Heilmittel, sondern es erleichtert den Alltag und scheinbar manche Symptomatiken, die wir durch die MS haben. Ob es einen wirklichen Zusammenhang bei der MS und dem Vitamin B12 oder gar einem Vitamin B12 Mangel gibt, würde weder ich noch mein Mann behaupten. Das wäre auch Aufgabe der Ärzte und in ihrer Forschung liegend. Was definitiv festzuhalten ist, ist die Tatsache, das ein Mangel an Vitamin B12 Symptome und Beschwerden verursachen kann, die anderen Erkrankungen und dessen Beschwerdebild stark ähneln. Vitamin B12 gehört meiner Meinung nach abgecheckt und bei einem Mangel behandelt, bevor es im Rollstuhl endet.

Nachwort

Die Diagnose Multiple Sklerose brachte mich aufgrund fehlender Untersuchungen letztendlich in den Rollstuhl, bis hin zu einem Elektrorollstuhl. Körperlicher Zerfall und das Verallgemeinern das jegliche Beschwerden, die ich als MS Erkrankte besitze, grundsätzlich mit dem Stempel der MS abgewiegelt wurden, bescherten mir Monate der Traurigkeit, Hilflosigkeit und Verzweiflung. Natürlich hat die MS viele Gesichter und sie kann böse und unaufhaltsam sein, doch ist oder muss nicht alles immer nur rein von der MS kommen. Nicht alles ist MS, das ist mittlerweile meine Devise, und sofern mich irgendwann wieder einmal unerklärliche Beschwerden plagen sollten, so werde ich mich nicht mehr solch lange Zeit auf die Seite schieben lassen, was ich ebenso nur jedem anraten kann, der seiner MS genauso hilflos gegenübersteht und in die Kategorie nicht MS typisch eingereiht wird. Ganz sicher gibt es Betroffene, die wirklich so schlimm es ist, unter der MS so schwer leiden, dass ihre daraus resultierenden Behinderungen nicht mehr rückgängig zu machen sind oder ihre Beschwerden nur schwer behandelbar. Jedoch glaube ich, dass es unter vielen Betroffenen auch Menschen geben wird, bei denen ganz andere Hintergründe die jeweiligen Beschwerden anrichten, die mitunter gut zu behandeln wären, wenn eine ausgiebige Diagnostik stattfindet. Meine MS, meine Verlaufsform und mein Selbstversuch, sind lediglich ein Beispiel dafür, das alles sein kann, aber nicht sein muss. Dass man sich nicht zu schnell in eine Schublade schieben lassen sollte, sondern hin und wieder auch auf das Bauchgefühl hört. Ärzte sind auch nur Menschen und sie können nur mit den Informationen arbeiten, die wir ihnen geben. Auch sie lernen immer wieder Neues über die MS hinzu.

Den eigenen Weg in Sachen Umgang, Therapie oder anderweitiges Arrangement, muss jeder Betroffene für sich selber finden. Es gibt keinerlei Leitfaden für die ideale Therapieform der Multiplen Sklerose. Wichtig ist es, dass jeder sich dahin gehend wohlfühlt, mit dem was er macht oder gar anwendet. Dass das Leben nicht nur in einem Grau verläuft, sondern durchaus noch lebenswert erscheint. Lebensqualität ist das A und O und niemand sollte darauf verzichten. Leben, das möchten wir alle und dies möglichst auf eine beschwerdefreie und angenehme Art und Weise. Ebenso haben wir alle ein Recht darauf, eine ausgiebige Diagnostik zu erfahren, wenn es Beschwerden gibt, die diffus oder unklar erscheinen, auch wenn bereits eine Grunderkrankung diagnostiziert wurde.

Viel Erfolg einem jeden und nur das Allerbeste wünsche ich!

E-N-D-E

Die Autorin Kerstin Schaefer Schaefer, 1975 in Krefeld geboren, ist seit über 16 Jahren an Multiple Sklerose erkrankt. 2014 heiratete sie ihren ebenfalls an Multiple Sklerose erkrankten Mann Markus und lebt mit diesem sowie ihrer Tochter Eileen, in Rheydt. Gemeinsam ist das MS Ehepaar bereits aus den verschiedenen Medien bekannt und verzaubert Leser, Zuschauer und das Umfeld, immer wieder mit unglaublich motivierenden und lebensfrohen Charme. LEBEN ist ihr Motto und dies bitte auch mit ausreichend Spaß und Humor. Diverse Bücher veröffentlichte die Autorin mit ihrem Mann, ihrer Tochter, als auch in diversen Einzelprojekten.

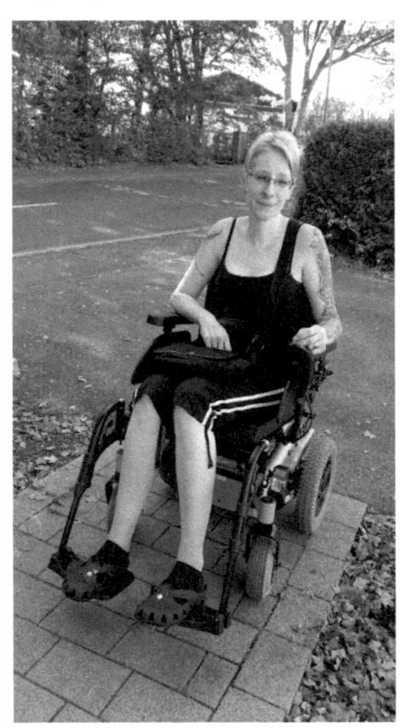

Kontakt und weitere Informationen zum Verlag unter:

Homepage:

www. TiefGeist-Verlag.de

Facebook:

www.facebook.com/tiefgeist.verlag

sowie unter: **info@tiefgeist-verlag.de**

Kontakt und weitere Informationen der Autorin:

Homepage:

www.kerstin-markus-schaefer-autor.jimdo.com

Facebook:

www.facebook.com/KundMSchaefer

Weitere erschienene Bücher der Autorin, in Zusammenarbeit mit ihrem Mann Markus Schaefer und ihrer Tochter Eileen Dausch, finden sich auf den folgenden Seiten.

“Schatz, stell dir mal vor, wir stehen morgen auf und sind plötzlich gesund?! -ISBN:978-3959150057

(Kerstin und Markus Schaefer)

<u>Aus dem Klappentext:</u>
Kerstin und Markus Schaefer sind unheilbar krank und verzichten auf jegliche Therapieform. Durch ihre äußerst positive Einstellung im Bezug auf das Leben mit dieser Erkrankung, sind sie bereits in verschiedenen Medien bekannt. Ihr Motto lautet schlicht und einfach "LEBEN!" Auf authentische, teils humorvolle, teils sarkastische Art, geben sie einen Einblick in den Alltag mit der Multiplen Sklerose. Das "Anders sein", auf Grund von Handicaps und der eigentlichen Behinderung durch die Gesellschaft. Sie schwimmen nicht mit dem Strom, sondern dagegen und lassen sich von den Normen, die die Gesellschaft sich selbst auferlegt hat, weder beirren noch zwingen. Sie setzen Zeichen und Signale an ihr Umfeld. Die Verkaufsstrategien der Pharmaindustrie lässt sie unbeeindruckt, genauso die medizinischen Vorgaben zur Lebensweise bei dieser Erkrankung. Nicht nur ihr Alltagsleben wird offenbart, sondern auch viele Motivationsanstöße, trotz Krankheit oder Handicaps, ein erfülltes und glückliches Leben zu führen. Ein etwas "Anderes" Buch, so wie die Beiden selbst.

„Mama, ich höre Stimmen“

(Kerstin Schaefer und Eileen Dausch)

ISBN: 978-3739249827

<u>Aus dem Klappentext:</u>

Wie sieht es wohl wirklich in einem Menschen aus, der Stimmen hört und dies über Jahre mit sich alleine herumträgt? In welcher Welt lebt ein Borderliner? Woher kommen diese Blackouts und warum tut sich das Umfeld so schwer, dies alles zu verstehen? Blutverschmierte Wände und Bettlaken. Schreie, Stimmen im Kopf, ein Hin- und Herswitchen zwischen Realität und Fiktion sind Spuren einer höllenartigen Mobbingtortour, die die Täter hinterlassen haben. Die Täter kommen ungeschoren davon. Das Opfer bekommt lebenslänglich. Der Weg in ein "normales" Leben ist schwierig und die Hilfe, sowohl für den Betroffenen, als auch für die Angehörigen, fast null. Eine Mutter und ihre Tochter im Kampf gegen ETWAS, das sonst keiner sieht oder hört. Sie berichten, sowohl aus der Perspektive des Betroffenen, als auch des Angehörigen, um die Gesellschaft und das Umfeld für ein Thema zu sensibilisieren, das noch immer ein Tabuthema ist.

„Therapien bei Multiple Sklerose“
-Medikamentöse Therapien und Symptombehandlung- ISBN: 978-3842326729
(Kerstin und Markus Schaefer)

Aus dem Klappentext:
Mit dem Buch "Therapien bei Multiple Sklerose", gibt das selbst an MS erkrankte Autorenehepaar einen Einblick in die verschiedenen medikamentösen Therapieformen und der Symptombehandlung, bei dieser Erkrankung. Vom Hersteller, bis hin zu den Kriterien, Anwendung, Wirkmechanismus und die häufigsten Nebenwirkungen, werden Basistherapien, Eskalationstherapien und Schubtherapien ausführlich erklärt. Die Symptombehandlung, ebenfalls ein wichtiger Punkt und den unterschiedlichen Beschwerden, die durch die MS entstehen können, zugeteilt. Was ist ein monoklonaler Antikörper? Worin besteht der Unterschied zwischen Immunsupressiva und Immunmodulation? Über all dieses und vieles mehr, wird in diesem Buch aufgeklärt.

„Herr Meier erklärt es kinderleicht“

-Meine Dosenöffner haben Multiple Sklerose-

(Schwere Themen kindgerecht, mit heiteren Geschichten erklärt) ISBN: 978-3741293948

Aus dem Klappentext:

Ich habe Multiple Sklerose, und wie erklärt man dies einem Kind? Herr Meier, ein äußerst pfiffiger Kater, erklärt kindgerecht in einer heiteren Erzählung die Erkrankung Multiple Sklerose. Er berichtet von seinem Alltag mit seinen beiden an MS erkrankten Menschen, die er als "Dosenöffner" bezeichnet und erklärt auf authentische und humorvolle, teils bebilderte Art und Weise, das Leben mit dieser Erkrankung. Nebenbei erfahren Kinder was Multiple Sklerose überhaupt ist, wie sie sich auswirkt und wie man damit leben kann. Kinder sehen die Welt häufig mit anderen Augen und Erwachsene möchten gerne die Helden spielen. Der Kompromiss ist es, ein Kind aufzuklären und zugleich auch Ängste zu nehmen, damit der Umgang mit solch einer schweren Erkrankung für beide Seiten leichter fällt. Am Ende des Buches befinden sich zudem noch Ausmalbilder zu der Geschichte.

„Achtung Ausverkauft –

Wie sich das Denken abschafft“

(Kerstin Schaefer)

ISBN: 978-3946920007 – 144 Seiten

Aus dem Klappentext:

Nun ist sie aber völlig abgedreht-, so könnten es Leser und Kenner der Autorin, insgeheim denken.Das Denken als auch das Freilassen der Gedanken, schafft sich tagtäglich rapide ab.Die Menschen hinterfragen immer weniger. Sie leben nach den diversen gesellschaftlichen Normen und deren manipulierenden Einflüsse, die den wahren Gedanken kaum noch eine Lobby bieten. Ein tiefgründiges Buch, versehen mit persönlichem Gedankengut, das zum Nachdenken, Umdenken und vor allem DEM Denken, anregen wird.

MS Mein Schatten

Gut versteckt, tief in mir drin,
zeigst Du mir, dass ich nicht alleine bin.
Nicht jeder kann und will Dich sehen,
doch ich entdecke dich beim Gehen.
Stets bist Du mein treuer Begleiter,
mal hinterhältig und auch mal heiter.
Du hängst an mir wie eine Klette,
oft frage ich mich, wie es wäre, wenn ich Dich
nicht hätte?
Mal feurig lodernd, mal sanft und leise,
verfolgst Du mich auf diese Art und Weise.
Hast nie gefragt ob ich Dich will,
kamst langsam, heimlich und sehr still.
Wie ein Kind suchst Du das Spiel,
verfolgst jedoch nur dein eigenes Ziel.
Die Regeln sind klar und deutlich aufgestellt.
Kannst ja gehen, wenn es Dir nicht gefällt!
MS-Mein Schatten, dich werd` ich nicht los,
jedoch bleibt mir ein einziger Trost.
Fast jeder Mensch hat nur einen Schatten dabei, durch
Dich habe ich zwei.
So ist es nun mal....Bleiben wir halt dabei.

(©Kerstin Schaefer)